［法］汪德迈（Léon Vandermeersch）

汪德迈（Léon Vandermeersch），1945 年就读于巴黎东方语言文化学院学汉语与越南语，同时在巴黎索尔邦大学学哲学与法律。1948 年获得汉语本科文凭，1950 年获得越南语本科文凭，1951 年获哲学硕士与法律学博士。1962 年获法国高等社会研究院法家研究硕士，1975 年以中国古代体制论文获得法国国家博士。法兰西学院通讯院士、法国远东学院原院长，法国高等社会科学研究院教授，北京师范大学荣誉教授。主要研究甲骨文、儒法家思想、中国古代政治制度、中国思想史，以及受中国文化影响的国家（韩、日、越）文化史。

主要出版专著七部，论文逾百篇。获法兰西学院儒莲奖（Prix de Stanislas Julien）、法兰西学院金石美文学院最重要的奥马乐奖（Prix du duc d'Aumale）、法国国家荣誉军团骑士勋章（Chevalier de l'ordre de la Légion d'Honneur）、法国教育荣誉勋位（Officier de l'Ordre des Palmes académiques）、日本神器金银星（Etoile d'or et d'argent de l'Ordre du Trésor sacrédu Japon）、中国政府中华图书特殊贡献奖。

跨文化中国学

（下）

［法］汪德迈（Léon Vandermeersch） 著

中国大百科全书出版社

图字：01-2020-5417

图书在版编目（CIP）数据

跨文化中国学．下／［法］汪德迈著．—北京：中国大百科全书出版社，2020.9

（汪德迈全集④ ）

董晓萍、［法］金丝燕主编"跨文化研究"丛书

ISBN 978-7-5202-0836-9

I.①跨… II.①汪… III.①中华文化—研究

IV．① K203

中国版本图书馆 CIP 数据核字（2020）第 178351 号

策 划 人　郭银星
责任编辑　郭银星
封面设计　程　然
版式设计　博越创想
责任印制　魏　婷
出版发行　中国大百科全书出版社
地　　址　北京市阜成门北大街 17 号　　　邮政编码　100037
电　　话　010-88390093
网　　址　http://www.ecph.com.cn
印　　刷　小森印刷（北京）有限公司
开　　本　710 毫米 ×1000 毫米　1/16
印　　张　14.25
字　　数　86 千字
印　　次　2020 年 10 月第 1 版　2020 年 10 月第 1 次印刷
书　　号　ISBN 978-7-5202-0836-9
定　　价　98.00 元

董晓萍　［法］金丝燕主编
"跨文化研究"丛书（97）

教育部人文社会科学重点研究基地重大项目

"跨文化学理论与方法论"

（项目批准号：16JJD750006）

综合性研究成果

教育部人文社会科学重点研究基地
北京师范大学民俗典籍文字研究中心
北京师范大学跨文化研究院敦和学术基金
资助出版

　　汪德迈（Léon Vandermeersch），1928 年出生于法国。1945 年就读于法国东方语言文化学院，学习汉语与越南语，1948 年获得汉语本科文凭，1950 年获越南语本科文凭。同时就读于法国索邦大学，主攻哲学与法律，1951 年获哲学硕士与法律学博士。1962 年，获法国高等社会科学研究院法学研究硕士。1975 年，以中国古代体制研究的论文获法国国家博士。曾赴香港大学，师从饶宗颐。曾在日本学习和工作，师从日本京都大学重泽俊郎、小川环树、吉川幸次郎，以及日本同志社大学内田智雄。曾在越南西贡和河内任中学教师。后受聘于法国远东学院，为越南河内大学西贡法学院研究员、法国远东学院研究员，兼任河内路易·飞诺博物馆馆长。期间再返日本京都、香港任职。1960 年代中期返回法国，历任埃克斯 – 普罗旺斯大学中国语言与文化讲师、教授，巴黎第七大学教授、法国高等社会科学研究院研究员、日佛会馆馆长、法国远东学院院长。法兰西学院金石美文学院通讯院士。已出版主要著作七部（法文版），发表论文百余篇。获法兰西学院儒莲奖、法兰西学院金石美文学院奥马乐奖、法国荣誉军团骑士勋章、法国教育荣誉勋位、日本神器金银星、中国政府中华图书特殊贡献奖。

汪德迈先生是著名法国汉学家，由法国大汉学家沙畹（Edouard Chavannes）和戴密微（Paul Demiéville）一脉相传。他是欧洲第一个掌握甲骨文的学者，在传统法国汉学的基础上，吸收中国国学、日本汉学和越南汉学的成果，并运用甲骨文考古学成果，对中国古代社会制度、中国儒学、中国哲学史、中国思想史、汉文化圈和中国文学的独特起源等，开展持之以恒的研究。他摒弃以往套用西方概念研究中国和分门别类地做中国学问的局限，摒弃偏见，一切从中国资料实际出发，指出中国文化与中国社会的系统关联性，开展整体研究。他的研究独立而创新，具有严密的理论体系和科学的方法论，建立了法国汉学研究的新模式，奠定了汪德迈中国学的坚实基础。

《汪德迈全集》是首次在中国出版的汪德迈先生的学术著作集成，经汪德迈先生授权，由中国大百科全书出版社出版。这部大型的海外汉学家著作，全面反映了汪德迈先生的学术成就，展现了汪德迈中国学的学术精髓。

《汪德迈全集》，全10册，目次如下：

《中国教给我们什么》

《中国思想的两种理性：占卜与表意》

《跨文化中国学》(上)

《跨文化中国学》（下）

《中国文学的独特起源》

《新汉文化圈》

《中国学论稿》（上）

《中国学论稿》（下）

《王道》（上）

《王道》（下）

汪德迈先生从事汉学研究长达 70 余年，以卓越的学术成就和巨大的社会声望，赢得了法国、乃至欧亚学术界的崇高敬意。《汪德迈全集》的出版，不仅对西方世界全面评价中国文化和中国社会大有帮助，而且对中国人从一个西方汉学家的角度认识中国优秀传统文化的价值也有启发。

汪德迈先生关心中国学研究的全球推进，2016年，法兰西学院设立汪德迈中国学奖，实现了他的这一心愿。汪德迈中国学奖的主旨，是在世界范围内奖励研究中国文化取得公认成就的优秀学者，目前已颁发两届。

汪德迈先生热心推动中法高等教育事业的交流，与中国教育部国家重点高校建立了长期的学术联系。自 20 世纪晚期至今，他曾多次到北京大学访问和讲学，与汤一介和乐黛云教授夫妇结下了深厚的学术友谊。2016 年，北京师范大学跨文化研究院成立，汪德迈先生每年一度来到北京，为北京师范大学跨文化学研究生国际课程班亲自授课，连续五年，不曾间断。他所阐释的中国能令中国人信服，他的演讲给中国研究生留下了极为深刻的印象。《汪德迈全集》中的部分新著就出自汪德迈先生为这些讲座而专门撰写的讲稿，再经过补充和修订而成。

《汪德迈全集》在中国的出版，是法国阿尔多瓦大学文本与文化研究中心、北京师范大学跨文化研究院、敦和基金会与中国大百科全书出版社通力合作的结果。我们希望更多的中国学者和广大中文读者了解汪德迈中国学，推动中法学术交流。在《汪德迈全集》出版的同时和稍后，我们还会出版其他国家著名汉学家的著作，在更广泛的意义上，扩大汪德迈中国学的中国影响和国际影响，促进中国学术与世界学术进一步加强沟通和深化理解，这也应该是汪德迈先生本人和编者所共同期待的前景。

董晓萍　金丝燕

2020 年 3 月 2 日

北京—巴黎

目录

导言①

关于汉学研究方法若干意见

　　任何研究方法都不能提前预设，只能从研究实践中逐步得出。即便如此，在研究工作的起步阶段，仍然不能不暂时采用一些外部的方法。

　　就我个人的研究而言，最初对我影响最深的方法有两种：

　　一种是法国年鉴学派（École des Annales）的

---

　　①　本书的导言至第四章《特别考察中国文化的基本特点："礼治"》部分，经汪德迈先生和金丝燕教授委托，由董晓萍教授根据汪德迈先生 2015 年在北京师范大学跨文化学研究生国际课程班上的中文口语讲稿的基础上，补充整理而成。北京师范大学跨文化研究院研究生罗珊、谢开来、高磊等承担了教辅工作，特此说明。后记部分向他们和其他承担教辅工作的同学做了郑重致谢。

方法，

一种是福柯（Michel Foucault）的知识考古学方法。

从法国年鉴学派的方法中，我所借鉴的是，研究任何思想都应该弄清它背后的精神世界。

从福柯的知识考古学中，我吸收了"认知考古"（archéologie du savoir）的方法。

我很高兴有机会到北京师范大学介绍我个人的研究。我是外国人，你们可能有兴趣听一听，一个外国人是怎样看待中国文化的。在谈这个问题之前，我先介绍一下我自己，让你们明白我是怎样的一个人，这样有助于你们了解我的研究。

我是法国人，出生在法国的北部。你们看我的姓，不大像法文。这在法国北部与比利时接壤的边境有些法国人使用的姓氏，像一种移民的姓氏。在我的记忆里，我父亲就像移民，他很喜欢讲土话，到我这一辈就不会了，在第二次世界大战爆发前，我离开了家乡，就没有这个习惯了。

在我的家庭中，没有人对中国或远东国家有什么特殊的兴趣。为什么我会有兴趣呢？这是一个六十多年前的故事。

我童年的时候，在我的法国北部家乡，曾多次遭到德军的入侵，时间大概是在 1870 年、1914 年和 1939 年。因为经历了战争的灾难，我从小就立志参军，希望能到前线去打仗，阻止战争。上中学的时候，我报考了一所陆军预备学校，参加入学考试的时候，有一项体检，我没有通过，医生认为我的视力不合格。我那年才 18 岁，视力已经不大好。考官对我说，像我这种情况，也不是不能参军，如果参军，就只能到后勤部门去做服务工作，不能上前线。我的愿望是去前线打仗，而不是搞后勤，所以参军的事就算了。

二战结束之初，我在念高中。有几次，听见几位越南人在一起说话，引起了我的注意。那时越南还是法国的殖民地。我原以为，殖民地应该是一个好地方，能让当地人得到最好的西方文化，但听了他们的谈话之后，我的看法变了，他们让我明白了殖民地是怎么一回事。从那时起，我开始反对殖民主义，反对侵略战争。

军校上不了，我就要走别的路。受越南事件的影响，我对远东国家发生了兴趣。我在十四、五岁时，已经对印度的思想、印度的哲学很好奇，少年时代就喜欢看印度哲学著作。在我 18 岁的时候，在我眼里，印度、印度支那和中国，几乎都是一样的，没有什么分别，我也没有办法去加以辨别。

过了一阵，有朋友告诉我，在距我念书的巴黎的学校不远的地方，有一位神父，要去远东传教。我就去拜见这位神父，他不认识我，我也不认识他，双方见面后，他非常和气地接待了我，还问怎样才能帮助到我？我就告诉他说，我想让他帮助我弄明白印度的思想和印度的哲学。他回答说，那很可惜，他对印度的研究完全是外行。他要到中国去，他有很多有关中国文化的书。他还说，如果我愿意，可以从他的家里拿走一本书，回去看。虽然我那时对中国没兴趣，可是他太和气了，我就出于礼貌拿了一本，谢谢他，回家了。这是一本什么书呢？是德国人写的介绍中国文法的书，那时还没有多少西方人介绍中国的语言文字文化。

我开始看这本书，看着、看着，就产生了兴趣，而且兴趣越来越浓。我发现，中国语言与我以前所知道的各种语言都不一样，完全是另外一种语言。我在中学时，学过拉丁文、希腊文和一点德文，还学了英文，但这些语言都是属于印欧语系的，中国的语言则属于另外一个系统。中国文字尤其特殊，让我感到特别有意思。从这以后，我就去找中国朋友，请他们教我中文。我的第一位中文老师是陈荣生先生，我跟他学了三个月，他教了我一些中文的基础知识。为什么只学三个月呢？因为他三个月后就回中国了。他是因为战争的阻隔滞留法国的，1945年，二战结束，他就要返回祖国。他对我说，他要回去参加祖国的革命运动。他在临走前为我安排了另一位朋友教我中文，这位朋友的名字你们可能知道，他叫李治华，法文版《红楼梦》的译者，后来在法国成为相当有名的学者。

1945年，我进入法国巴黎东方语言文化学院读书，师从戴密微先生（Paul Demiéville，1894～1979）。那时他还在东方语言文化学院教中文，还没有去法兰西学院教书。我学了三年中文，1948年获得汉语本科文凭。我在这所大学还学了越南语，于1950年获得越南语本科文凭。为什么要学越南语？因为我结识了一批到法国留学的越南青年，在他们中间有一位越南姑娘，后来成了我的爱人。在这期间，我进入法国巴黎索邦大学，学习哲学和法律，之所以选择这个专业，还是与我对印度思想和印度哲学的兴趣有关。1951 年，我获得索邦大学的哲学硕士与法律学博士学位。当然，我的专业始终不是文学。

又过了五年，我参加了工作，结了婚，有了家庭，我需要维持生活。我仍然希望去中国，但在1950 年代，要去中国是一件很困难的事。不少中国朋友给我帮忙，但还是没办法。在那个年代，在远东地区的国家中，只有一个地方能去，就是越南。法国的殖民当局需要有人去越南的中学教书，我就去了越南，从 1951 年开始，我在越南西贡的一所中学当教师。记得初到西贡时，法国殖民地的官员对我表示大为欢迎，他还对我说，西贡的中学有两所，一所是法国的，一所是越南的，你愿意去哪一所？我说，去越南的。在西贡三年，我讲授中学高年级的哲学和文学两门课。我是学哲学的，不是学文学的，但越南的中学不开哲学课，我就要教一些文学课程。在西贡的工作结束后，我回法国休假一年，再回到河内。这时情况又不一样了：法越战争结束了，无人肯到河内去。我同意去，因为河内有法国远东学院，我愿意进入法国远东学院继续研究我关注的远东文化，尤其是中国文化。我在河内时，收到了一位中国朋友的信，他叫蒋鑫（音），我们在巴黎认识的。当时我帮他准备博士论文，他帮我学中文。但他没写完博士论文就回国了，他要回去参加中国的革命运动。他是兰州人，以后到北京的外交部门教法语。他就向他的单位申请，聘请我协助他教法文，我非常高兴，认为这样就能从河内去北京了。很不幸，这个计划没有实现。我是河内法国远东学院的最后一个法国人，院长同意我去北京，但要等到接替的人来。他来了，我才能走。等了六七个月，找不到人，谁都不愿意到河内去。终于等到了一个人，他后来成为研究中国白话文的专家，写了不少的文章。但等他来河内的时候，大约是 1958 年，中国内地的政策发生了变化，我的合同被取消了。

　　我不能去北京，就又回到法国，这时指导我从事研究工作的导师还是戴密微先生。我就向戴密微先生提出申请，要去香港。我的想法是，既然去不了北京，至少可以去香港。戴密微先生告诉我，香港是一个很商业化的地方，不适合做中国文化研究。你要研究中国文化，不必去香港，应该去日本。日本有很好的汉学家。我在越南时，曾听到日军侵略亚洲国家的很多罪行，对日军很反感，不愿意去，我也不要研究日本文化，可是我又不能不听戴密微先生的话，这样我就同意去日本京都，心想，到了京都以后，一定要到北京，或者到香港。

　　我很不情愿地到达了日本。可在日本住了一段时间后，我的看法变了。日本学者和日本人民让我明白，他们跟日本军国主义者完全是两码事。日本军国主义分子对日本民众也是压迫的。我在京都住了三年，逐渐发现，日本汉学很了不起。我的日本导师是内田智雄（Uchida Tomoo）教授，他是一位很好的学者。日本的汉学工具书很多，这也为我研究中国文化提供了方便。我还开始学日文，觉得日语也很有意思。

过了三年，我回到法国，这时我的老师戴密微先生对香港的看法也在改变，他认识了饶宗颐先生。饶宗颐先生到英国参加一个学术会议，戴密微先生也去了，他听了饶宗颐先生的报告，这篇报告是研究敦煌文献的，那时法国汉学家还不知道敦煌文献有什么意义，应该怎么解释，饶宗颐先生把敦煌文献中的各种问题解释得很清楚，戴密微先生很信服。那时从法国到中国还是很困难，他这次就同意我到香港去，他说，你应该去找饶宗颐先生，拜他为师，上他的课。戴密微先生还给我提出一条要求说，希望我学甲骨文。当时欧洲没有人研究甲骨文，美国也没有人研究，饶宗颐先生已做了一些研究，在香港刚刚出版了两本书，都是关于殷商卜辞的，曾还把很厚的一本书寄给戴密微先生。戴密微先生向我介绍了这本书，并说，希望过一段时间后，我能帮助欧洲人明白什么是甲骨文。

我到了香港，一开始住在一个中国人家里。房东不是广东人，不讲广东话，我就跟他学习普通话，同时自己也学广东话，这很有意思。那时香港只有一所大学，就是香港大学。香港大学设外语学院，院长叫马萌（音），北京人。香港那时是英国殖民地，中文课由英国官员讲。中文课分成两个系，一个系用广东话讲，一个系用普通话讲。因为英法政府之间有一定的联系，港大就同意我的要求，让我去讲普通话的中文系上课。以后我搬到一个北京人家里住，在马萌院长主持的外语学院里读中文。我记得当时有一个内地人，叫唐湘（音），上海人，父亲是个画家。他是一个非常有意思的人，在他的帮助下，我看了很多书，记得有一本是《浮生六记》，我非常喜欢。

遵照戴密微先生的嘱咐，我在香港大学上了饶宗颐先生的课。他开了一门课叫《文心雕龙》，从那以后，我认为，《文心雕龙》是最能代表中国文化的古代著作之一。戴密微先生要求我学习甲骨文，但饶宗颐先生在港大不教甲骨文的课，他就让我到他的家里去学。我花了一、两年的时间跟他学习，先学《说文解字》，再学甲骨文。

在香港过了三年，我再到日本去。

一年后，法国远东学院院长告诉我，你现在的运气好，你在远东国家已经呆了很长时间，我也需要别人也能做到像你一样去远东国家。你现在可以回法国去教书，这样我就回到了法国。当时我爱人在法国南部工作，我就到法国南部，在埃克斯—普罗旺斯大学得到了一个教职。这所大学离马赛很近，马赛是个美丽的城市。在法国南部大学的外文课中，已经有阿拉伯文、意大利文的课程，也有人对中文开始感兴趣。埃克斯—普罗旺斯大学是一所很好的大学，校长希望能够成立一个中文教学部门，我就来做这件事。我在埃克斯—普罗旺斯大学花了六七年的时间，建了一个中文系。这不是一件容易的事。

1973 年，我在法国巴黎东方语言文化学院的一位老同学，时任巴黎大学中文系主任，邀请我到巴黎去，我就成了巴黎第七大学中文系的负责人。1979 年，我调到巴黎高等实验学院，负责儒家史研究组的工作，这是我的研究专长。

现在，我要开始介绍我的研究方法，这当然只是一个开头。

任何研究方法都不是事先预设的。在我看来，至少对我而言，研究方法应该是从研究对象出发，慢慢发展出来的。根据研究对象的性质，可以采取特殊的研究方法，但无论如何，在开始的时候，还是应该依靠一种方法。

我受影响最深的方法有以下两个。

第一个，是法国年鉴学派的方法。从 1929 年开始，在法国出现一个年刊，名字是《经济与社会史年鉴》。这个年刊成了这个学派的代表性刊物。为什么我会受这个学派的强烈影响呢？因为在埃克斯—普罗旺斯大学，在我开始教书的时候，就有不少这个学派的历史学家。埃克斯—普罗旺斯大学是一所历史学相当发达的大学，比巴黎大学还要发达。尤其是吕西安·费弗尔（Lucien Febvre，1878～1956），这一学派的创始人之一，在历史学上很有成就。吕西安·费弗尔对中国也感兴趣，他的女儿在埃克斯—普罗旺斯大学上我的课。起初，我听说了吕西安·费弗尔前往中国学习的消息，当时我还在日本东京工作，吕西安·费弗尔先到北京，后到东京来找我。由于这个原因，我对这个学派比较了解，也受到它的影响。

第二个，是福柯的知识考古学方法。我刚才告诉你们，我在巴黎大学读书的时候，上的是哲学系，福柯是我在哲学系的同学，当时我们之间没有什么特别的来往，只是常常听他讲一些东西，后来我看了他的书，接受了他的观点。

这两个方法对我的总体影响是什么呢？我觉得有一点最重要：我的研究对象是思想史，我认为，人类是有思想的。人类不是蚂蚁或蜜蜂。蜜蜂和蚂蚁的集体文化是自然文化，人类社会的集体文化是历史文化。历史文化不是自然文化，历史文化是另一种东西。研究历史文化，首先应该注意到思想的、概念的历史。福柯的知识考古学对此是特别强调的，我在后面也会告诉你们，我自己在研究中是怎样使用这个观点的。我不反对唯物主义，我也不是唯心主义者，但在我看来，唯物主义也不能将事物的解释简单化。唯物主义应该是一种结论，而不是一种研究方法。

第一章

用中国文化特色认清中国文化道理

中国文化和西方文化，从根本上说，是差异性文化，两者不能用解释此方现象的方法解释彼方的现象。要解释中国文化的特征，就应该用中国文化自身提供的现象去解释。

中国文化自身所提供的最重要的现象就是汉字。我的研究主要围绕汉字的创造与汉字所生产的思想文化来进行。西方语言学家在这种研究上，大体有两个失误：一是不了解汉字写书的功能与口语的功能的基本差异，不了解汉字的原意及其性质。

在这一章中，我主要介绍我是怎样运用福柯的知识考古学方法做汉字和占卜学的研究的。

在世界上伟大的文化之中，要属中国文化与我们西方文化的差距最大，其实这种说法已经司空见惯了，但是差异究竟有多大呢？这就要看汉字所代表的表意文字的特征。

汉字出现于公元前 13 世纪，具有一种独特的表意形式。它由占卜者发明，用于记录一些极其复杂的占卜活动。从 1899 年以来大量出土的这一时代的文物看来，这种文字是一种极其形式化的图形语言，被设计作为发展成熟的肩胛骨占卜术的工具，这种占卜术，我建议将其命名为"占卜学"。通过这种文字，中国思想依靠占卜的，"占卜学"的道理，建构对世界的认知。另外同样深刻的一种道理，铭刻在西方文化发展过程中的神学中，它与中国思想的发展方向大相径庭。

英国伟大的生物学家、汉学家李约瑟（Joseph

Needham，1900～1995），在谈到自己多年致力的中国科学史研究时，在谈到中医药领域时，他提出，中国的思想与科学文化的特殊性，是抵制被现代科学的世界潮流所同化的唯一例子，他还说："中医与西医的哲学理论彼此无法解释得通"，比如，中医的"寒"的概念，是任何一种欧洲语言都无法翻译的。当我们将思考的范围扩展到伦理道德与政治学的领域，像"礼"这种汉语的基本概念，在西方语言里，曾经被简单地译为"礼节"或"礼仪"，给西方读者造成一种印象，认为中国思想是比较浅薄的。这还助长了一种偏见，认为西方模式可以成为现代社会的形态，人权、自由、民主的价值是世界性的；"亚洲价值"是不可行的，应该按照历史赋予西方社会的形式，具体化地解释对称的中国思想，这些观点都是十分错误的。

在《易经》之前，在中国发现的最古老的用于占卜的骨头，大概是仰韶文化的产物，这是很简单的东西。这种方法不仅中国用，在北亚细亚民族，都使用这种占卜方法。它的具体做法是用动物的肩胛骨产生一种特别的图像，预知未来的凶吉祸福。美国19世纪的狩猎民族也有这样的东西。狩猎民族有各种各样的动物，可以用来做这样的占卜。

但是，在中国，占卜的方法与欧洲的完全不同。中国将这种占卜方法发展成为一种先科学的东西，形成中国人的一种传统历史思维。[①]

中国史学与西方史学的传统，与常见的形成过程很不相同。中国史学是按照自己的独特形成过程建立起来的。中国的史书可以清晰地分为两类：一类是史志（"实录"类），一类是史学（"通鉴"类），两者之间的区别，与民族志与民族学的区别，大体

---

① 本节以下的内容参考拙文《古代中国占卜术派生的理性思维》，许明龙译，原载《法国汉学》第 2 辑，北京：清华大学出版社，1997，第 278～286 页。

相似。[①]中国的历史哲学，明确地显现在史学类著作中。史志类著作也具有诠释性，但由于史志是把完全客观地记录史实作为首要目标去追求，故其诠释性不是很直露。

中国史学，其史学思想的独特性，与基于神话想象的史学不同，神话几乎不能为史学提供发挥的余地。儒家思想体现着一种相当严格的理性主义，由儒家思想支配的史学想象，渗透在理性主义之中，并从这一角度，为史学与志学的结合提供了方便。史志需要依照其本身的规则编纂，方能保证历史的深层真实性得到揭示，这些规则表现为一整套形式上的严格要求，为中国史学所提供的素材便是依据这些规则进行精心加工的史志。

---

①　关于这一点，请参阅我于 1985～1986 年在欧洲学院所作的讲演，收编在《真理是科学吗》(法兰西学院跨学科讲座)一书中，巴黎：大学出版社，1991，第 65～78 页。本文内容主要取自我于 1987 年在洛什研讨会上所作的讲演，这次研讨会也是由欧洲学院组织的。

史志源于卜辞，这便是中国的史学想象具有占卜性的明证。公元前第二个两千年的后半期，被称为"史"的卜人，用经特殊处理的牛胛骨进行占卜，记录在这些牛胛骨上的文字就是卜辞。怎样将简单的占卜发展成为易经八卦的复杂占卜学？我认为，大体有四个阶段。

第一阶段，使用龟甲占卜。此阶段大体已从山东的龙山文化开始。在新石器时代，在山东，有很多小溪或小河，里面有很多龟，有的考古学家认为，在那个时期，当地可能专门驯养这种龟，用来食用。但以龟甲做占卜，应该是有特殊道理的。中国的卜人探究卜骨上各种图符的含意，他们做的第一件事是制造图符，然后加以解释。龟甲的形状很像地球，它的上面一部分是圆的，像"天"；下面一部分是四方的，像"土"；整个甲骨好像是一个天地模型的小魔方。中国的卜人用这种东西做占卜，是出于一种科学的考虑，即用宇宙的一种魔方来做占卜。卜人不但精于卜兆的解释，而且善于制造可供解释的卜兆。中国的占卜术因此而具有一套准科学的道理。正是这套准科学的道理，以其自身的进步，带动了思辨的进步。

第二阶段，用科学的理论解释占卜。这是一种有进步的占卜方法，它的发生时间，应该在夏朝以前，属于龙山文化现象。它不是夏朝本身的产物，龙山文化是东夷人的文化，夏朝比东夷有进步，才能可能把自己的文化延续到商朝。

第三个阶段，创造卜辞。中国卜人使用精致的方法，在龟甲的背部内侧，凿出小孔，使龟甲的正面产生裂缝，形成占文。它的制作过程很讲究：首先，经刮、磨等工序，对卜骨作精细加工，以利灼烧后的裂纹清晰可辨；其次，为防止烧焦卜骨，灼烧方法非常考究，卜骨并非随随便便地扔进火堆焚烧，而是巧妙地使之仅与一个炽热的火点接触。提供这个火点的工具，在《周礼》中称为"焌契"。焌契是从通常用作燃料的一种灌木上砍下的一截木棒，木棒的一端被放火盆中点燃，这个火盆称作"燋"。[①]可是，卜骨有一定的厚度，而焌契仅有一个火点，不足以使卜骨的外侧面产生裂纹，所以，需要在卜骨的内侧钻一个不透的灼孔，孔的大小应与焌契的尺寸相当，大约为一二厘米。孔的底部需挖薄，余下的厚度应适中，使之易于产生裂纹，又不致于爆裂。已知年代最久远的卜骨，如龙山文化遗存等，已经采用了这种灼烧技艺。这些卜骨加工精细，用焌契灼烧后形成的灼孔相当规整，位置适当。[②]骨卜技术再次获得显著的改进，大约是在商王定居小屯

① 参阅《礼记》及其注疏（《十三经注疏》），上海：上海辞书出版社，1957，第887～888页。董作宾对卜人灼烧甲骨的方法，曾作详尽论述，见于《商代龟卜之推测》一文，此文再版本编入《董作宾学术论著》，台北：世界书局，1962，第42～55页。本文从中获益匪浅。董作宾认为焌契实为木炭。此说极可信，可惜董氏未予详细论证。

② 饶宗颐：《殷代贞卜人物通考》，香港：香港大学出版社，1959。请参阅该书第4～8页中的有关论述。

前后，即殷初前后。

在二里冈 1952 年出土的 175 块卜骨（二里冈离郑州不远，是盘庚迁殷之前商代的最后一个都城），几乎都有单个半圆形孔"，[①] 而小屯出土的卜骨的灼孔，都经过刮磨，而且都是复合孔，选用这种孔形的主要意图，显然是使灼烧后的裂纹尽可能规整。采用复合灼孔后，裂纹不再如仅有半圆形孔时那样呈放射状分布，而是沿卜骨上抗力最弱的两条线伸展。椭圆形槽上下和左右各有一对对称面，即沿槽的长轴的上下两端和沿槽的短轴的左右两侧；裂纹沿着这两条轴线伸展。不过，由于半圆形孔偏置于槽的一侧，所以裂纹只朝此侧伸展。因此，出现在卜骨外侧面上的裂纹，始终呈现为横卧的 T 字形，一条裂纹沿槽的长轴线向两端伸展，另一条裂纹则与之垂直相交，沿半圆形孔所偏置的方向伸展。

---

① 参阅饶宗颐：《殷代贞卜人物通考》，香港：香港大学出版社，1959，第 5 页。

由于裂纹的伸展方向受到槽与孔的控制，所以裂纹的分布不会零乱，这样就有利于进行比较和归类。"卜"这个字的字形源自裂纹的形状，据董作宾先生研究，"卜"字的读音，则是对卜骨受灼裂开时发出的声响的摹拟。①

这一时期开始使用文字。这是一种非常重要的材料，是在 1928 年发现的。这么多卜辞的占文，旁边都有文字。为什么会有文字？从研究的情形看，占裂使科学进步，产生了卜辞。

事实上，不仅有龟甲骨的卜辞，还有其他动物骨的骨辞。龟甲骨不够了，就用别的动物骨头来代替。其他动物的骨辞与甲骨的卜辞没有多少差别，从理论上说，它们都叫甲骨文。但要了解占卜理论

---

① 也有在椭圆形槽两侧各灼一次之情形，所得灼孔遂呈十字形，但此种情形极为罕见。参阅董作宾：《骨文例》，台北：世界书局再版本，1936。编入《董作宾学术论著》，台北：世界书局，1962，第 8 页。

的科学性，还要观察甲骨文。

中国的古人在龟甲上穿凿小孔，形成龟裂（参见图1）。在它的每个局部，一般都会有对应的文字。这些文字就是占文。

有一张图（参见图2），存放在台湾故宫博物院。绘者在这张图上，模拟古人的方式，在龟甲上穿凿小孔，形成龟裂，把龟裂的图像绘成平面图，能帮助学者做研究。看这张图，在它的每个局部，都有占文。这些占文就好像是一种能说话的东西，具有语言的意义。当然，这种语言的意义不是口语的，而是书写的。中国人从占卜的图像开始，创造文字。学者利用这张图，可以思考占文是怎样产生预知作用的。

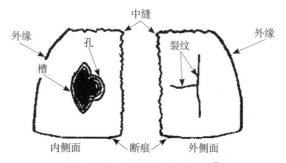

图 1　甲骨凿孔龟裂示意图 ①

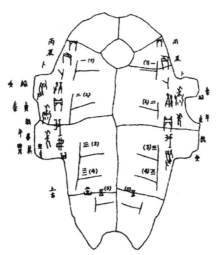

图 2　甲骨局部占文分布示意图 ②

---

① ［法］汪德迈，许明龙译：《古代中国占卜术派生的理性思维》，《法国汉学》第 1 辑，北京：清华大学出版社，1996，第 265 页。

② 同上，第 276 页。

在甲骨文中，最重要的文字是"卜"，相关的内容有：占卜的时间、占卜的史官的姓名、占卜的内容，等等。现存殷代卜骨上的问辞，通常仍保留着祈使语的语态，由此推测，问辞是由祭司的祷辞简约演化而来的。在许多卜骨中，这种祈使语表现为句首的"其"字。甲骨文专家通常认为，"其"字是疑问语态的标志，[①]但它所表达的其实是一种殷切的企盼。这一点可以从许多青铜器上的铭文得到印证。

骨卜的技艺，除了上述施加于卜骨的各种操作外，还有祈愿。祈愿，是将所问的事象输入卜骨，通过占卜，获知该事象的状况，对卜骨所呈现出来的裂纹进行解释。祈愿并非预测，并不是预示吉凶，而是揭示所问事象的结构主线。

在骨卜的雏形期，在燔祭之后，才能获得卜骨上的裂纹。对这些裂纹的分析，只用来对燔祭是否

---

① 陈梦家：《殷墟卜辞综述》，北京：中华书局，1956，第126页。

成功做后验性的判断。在骨卜的成形期，卜人所作的预测，尽管仍然是一种判断，但此时卜人的占卜程序，已不是在正式祭祀之后做出预测，而是在正式祭祀之前举行模拟祭祀，再根据模拟祭祀的结果做出预测。在模拟祭祀中，卜骨代表祭品，灼烧卜骨代表焚烧祭品。在正式祭祀中由祭司以祷辞表述的意愿，在模拟祭祀中由卜人以问辞来表述，这种问辞在《仪礼》中称为"命"。①

现有卜辞表明，殷王在下列各类事象之前都要问卜，以预测吉凶，这类事象包括：事关本部族的重大举动和决定，可能影响殷王本人、他的亲属和他的部族的事件，全年的各时期和各阶段到来之前或交替之际。倘若是为了向神明祈求降雨、狩猎成

---

① 《礼仪》中仅有一姓关于龟卜仪式的记述，翔实地叙述了询问亡者（一位普通贵族）宜于何日出殡而举行的占卜，（《礼仪·士丧礼》，编入《十三经注疏》，第 1075 页）。占卜术语"命"屡见于《周礼》。"命"指问卜之事。

功、作战获胜，或者希冀其它恩惠举行祭祀，卜人在向神明致意的祷辞中，还应增添一段同样是模拟的、表示恳求的辞令，如同下面这句那样：

王其逐鹿获。

在此类活动中，卜人如果不说明祭祀的对象，姑且假定祭祀的对象是某个不确定的神明，占卜就变为通过了解上苍的意图对各种事象进行预测的一种手段，其全部程序并不会因此而有任何改变。为问事而进行的占卜，保留着为祭祀而占卜的全部礼仪，因为对事象的预测基本上是依据模拟祭祀的成功与否做出的，而模拟祭祀的目的，正是评估否应举行正式的祭祀。

此处最重要的一点是，严格地说，卜人并不向神明询问什么，他仅仅是观察神明对祭品的反应。卜人的技艺不在于设法获得对某一问题的明确答案，而在于设法获得能昭示设想中的行动的捉摸不透的后果的一种信号。所以，命辞本身从来不具有疑问语态，只是在将略具间接疑问意味的导引词"贞"译成"demande d'oracle sur"时，才使命辞变成了疑问句。①

我认为，"卜"和"占"都是最早的文字，以后慢慢发展，并根据需要，才创造了大量的文字。我的另一层意思是，中国文字不是完全来自口语，有些文字本身就是准科学创造的直接产物。

中国人的头脑中出现的"理"的概念，最初就有可能与他们所见到的石头上的裂缝有关。在一块劈开的石头上，人们按照裂纹的走向用一块石头击打另一块石头，为的不是打制成一件事先没想的工具，而是获得一块更为精细的石料，以便用来更加

---

① 《仪礼》的典型命辞，如《仪礼·士丧礼》中的此类文字，都不是疑问句。另见《十三经注疏》，上海：上海辞书出版社，1957，第 1075 页。

方便地对另一块石头进行再加工，而这块石头同样是顺其纹理采得的。人们也许由此认识到，石头的裂缝体现了事物的"理"。新石器时代的人也许受到这种认识的启发，人们在想：残骨上排列有致的裂纹，是否如同石头上的裂缝，表明祭品的选用得当？而排列无序的裂纹，是否说明祭祀的某个环节上有不当之处？以后，这种将依据裂缝辨识事物发展方向的形状识别法，提升到对宇宙间的一切运动的合理性拥有一种普遍观念的高度，形态逻辑思维的发展便被纳入占卜的历史之中。

第四个阶段，数字卦。在甲骨文发展到一定阶段后，中国的卜人转向用数字表示占文。使用数字的作用，大概是能增加一些表意的可能性。例如，卦向上，表示好的征兆；卦向下，表示不好的征兆；这种预测的征兆大约有五六种。当时中国的卜人也许已经意识到，如果能在不同的部首中加挂数字性的号码，就可以不再使用十分复杂的甲骨文造字法去造字和表意。再看上面提到的那张图，这些都是写在甲骨上的数字，这里有，那里也有。大家都知道的《易经》，可能在占卜时代就有了。用数字推测征兆，大概与《易经》中的乾卦有关。

现在谈谈对占卜起源的两种说法。一种说法是，从甲骨的龟裂中产生占文；一种说法是，伏羲造八卦。我认为，伏羲造八卦是神话，而且应该是西周时代创造的神话。为什么西周要创造神话？因为周朝取消了殷朝的传统，所以需要创造伏羲的神话。这个神话不反映历史。历史就是我刚才所说的，是可以用数字表达卦象的方法和它的逐步演进的过程。这对中国传统社会有很深的影响。我是外国人，受外国文化的影响，所以我用另外一种文化看待中国的历史，得出了我自己的解释。

周朝的礼官将龟卜中的命辞分为八类：一曰征，二曰象，三曰与，四曰谋，五曰果，六曰至，七曰雨，八曰瘳。对八类命辞，如果从广义上理解，可以囊括为所有自然事件和人类的活动。祭祀虽然没有明确地被纳入上述八类之中，但即使在周代，某些祭祀也依旧受占卜的直接控制，因为祭祀可以归在"果"（可行与否之事）类。与此同理，狩猎可归在"征"类。总之，无事不占卜。学者因而得以将数百年间成千上万的各类卜兆进行比较研究，凭借经验，从中归纳出共同特征，然后就其联系性、生命周期、季节速率、方位的相对关系等主宰人类的强大因素做出解释。这样就以一代又一代卜人记录下来的大量卜兆文献作为基础，解释天地间不断变化的万物相互之间在结构上的对应关系，它们日益成为一种有别于实际操作的纯理论。后来龟卜的数量与问事的项目均呈减少之势，那时有了有矩可循的祭祀制度，不再需要卜人参与每次祭祀。但是，这种转变并不表明占卜的传统趋向衰落，反而说明占卜已超越往昔单靠经验进行预测的阶段，开始朝着一个新的理性阶段发展。占卜于是成为一种理论，用以指导对卜兆所揭示的天地间的一切现象结构形态进行对比研究。

特别应该予以指出的是，中国人所说的"理"，从来不只是静态的结构形态。物质结构中的缝与线，同样是促成事物变化的驱动力。兆分三类：玉兆、瓦兆和原兆，玉的细纹、瓦的裂缝、土地龟裂时的巨大裂缝，都有其社会意义。审视卜兆时，必须将龟甲上的裂纹与这三种不同的缝进行类比，并结合起来考虑。尽管确实没有任何文献具体阐述这三种兆如何互相结合，但是，在已知某些尚未完全厘清的考古文献上，已经可以找到对这些卜兆进行计算的一种方法。

甲骨文专家发现，在殷代的龟卜中，为预测同一事象，通常要在同一龟甲上进行两次问卜活动，一次是正问，一次是反问，而且已有一定之规，称为"对贞"。通常在正问之后再作反问，正反两问的命辞分置左右，在龟甲上的位置完全对称，卜兆也完全对称。命辞沿龟甲的纵轴，自上而下地刻写，刻在与横向裂纹的伸展方向相反的一侧（横向裂纹常通向龟甲中心伸展）。命辞作对称布置，在正问中处于正常位置的同一个字，在反问中则处于反转位置。这种布局似乎表明，之所以要正反对贞，除了为取得反证外，还出于这样的考虑：以完全对称的两组卜兆为依据，对各种事物的正反面的平衡程度进行计算。正反对贞可以反复进行两次、三次、四次，乃至十次。但为同一事象问卜所用龟甲从未超过五块。殷代龟甲上为同一事象问卜的卜兆，都仔细地用数字做了标记。以卜甲《丙》8为例。这块龟甲记录了多次占卜活动，全都是为了同一事象，即预测黍的收成如何。

占卜所要得到的，是显示所问事象性质的一个数字，此数字称作"营"（即军营之营），营数不是六或七，就是八或九。龟卜最多反复进行五次，蓍占则连续进行六次，结果不以数字直接显示，而以一些图符显示。从这一点可以看出，蓍占起源于龟卜。表示蓍占结果的图符只有两种，这是因为只需要知道它们所代表的是奇数还是偶数即可。营数的七和九是奇数，属阳，由一条长而不断的横线表示；营数的六和八是偶数，属阴，由两条短而断开的横线表示，这两条短横线相加的长度，应与表示阳的横线长度相等。六个营数得出后，卜人将六个图符相叠，组成一个图形，中国的卜人称此图形为"勾卦"，卦既指由六个图符组成的全卦，也指由三组图符组成的上卦和下卦。

就字源而言，卦（挂＋卜）的字形，来自龟卜中卜兆的形状，其读音则来自"挂"。这就提示我们，卜兆是一个个相叠"挂"起来的，只不过龟卜中的营数只有五个，而在蓍占中营数有六个。组成卦的六个图符在汉语中称作"爻"，最初爻用来指称一种呈×形的图符（在古汉字中，两个×上下叠加，但在甲骨文中，×单独成字），这个×字表示二物相交叉。

从字源所作的这些考证，有助于我们对龟卜演变为蓍占的过程做出如下推测。龟卜发展到相当完善后，人们已经可以从大量不同的卜兆中归纳出一种形态理论，借以对所问事象做出推断，而不同的卜兆又可以归并成若干典型的大类和小类。只要分别赋予这些类型以一个数字编号，就可以用抽签方法得到一些数字，免去灼烧龟甲的麻烦。换句话说，从蓍占中得到的营数不是别的，只不过是龟卜中不同卜兆所属类型的编号。贾公彦称，巫咸是这种新方法的始作俑者。据《史记》记载，巫咸是帝太戊的臣子，这个名字多次作为祭祀的对象出现在现存的卜辞中。巫咸既然是帝太戊的卜官，他就有可能想到，通过摆弄蓍草可以获得卜兆所表示的营数，而蓍草的茎干如同后来发明的算盘上的算珠，是古代中国用来计数的工具。

新近发现的刻辞证实了这一推测。这些新发现的刻辞被释读为介乎龟卜时期的卜兆和蓍占时期的卦式之间的一种早期卦形，大约属于殷末或周初。这种早期卦式也由六爻组成，与蓍占中的卦式无异，但爻以数字表示，而不是分别代表奇数和偶数的—和--。此外，这些早期卦式刻在龟甲上，这就进一步证明它们是用来取代卜兆的。但是，这些早期卦形所使用的营数，除了《易经》中的营数（六、七、八、九）之外，还有一、五、九，不过，九极少见。对这种现象可作以下解释：蓍占中由营数六、七、八、九所组成的卦形，是在占卜的推论方法朝着新的方向，即数计算方向发展的过程中逐渐形成的。人们很快就认识到，卦的全部变化共计六十四，这个数字也就被视为天地间万物可能有的全部变化。于是，人们从更基本的由三爻组成的单卦出发，对六十四个全卦进行分析；单卦分别代表一个奇数或偶数，它们的全部变化仅限于组成八个全卦。占卜的部分原理，即事物的数字结构遂在此基础上逐渐发展起来。高亨依据《易经》十翼中的《系辞》阐述了蓍占的基本操作方法，[1]在这里，我参照高亨的描述，向大家解释这种操作方法。

如同龟卜中有命辞一样，占人在蓍占时也要首先表明所占为何事。然后，占人用五十茎蓍草问占，经过一系列操作，得到表示所问事象的卦形的六个营数。为何使用蓍草呢？"百茎共一根"是蓍草的特点，而万事皆同源，这也许可以作为解释蓍草被使用的原因。为何使用五十根蓍草呢？因为"大衍之数五十"，营数中的第一个奇数是七，乘以五得三十五；第一个偶数是六，乘以五得三十；两数相加为五十五，删去零数，整数为五十。

每个营数需经三变方能取得。首先进行第一变，操作步骤如下：

第一步，从五十茎蓍草中抽出一茎，余下

---

[1]　高亨：《周易古经通说》，香港：香港中华书局，1963。下文的主要部分系参考此书（特别是其中的第 112 ～ 121 页）撰写。

四十九茎。

第二步，将四十九茎蓍草任意分成两份。

第三步，从其中一份中抽出一茎，然后将余下部分按每四茎一组计数，最后剩下四茎、三茎、二茎或一茎，夹在除大姆指以外的任何二指间，直到操作终了。

第四步，以与第三步相同的方法处理另一份蓍草，但计数前不再抽出一茎，最后同样剩下四茎、三茎、二茎或一茎，也夹在二指之间直至操作结束。

此时，卜人夹在指间的蓍草，只可能是四茎或八茎。因为，两份蓍草除去抽出的一茎，总数为四十八，接每组四茎计数，每份蓍草在计数完毕后，剩下的可能都是四茎，那样的话，先后两次夹在指间的蓍草各为四茎。如果两份蓍草计数后剩下的都不是四茎，那么，它们之和必定是四，也就是说，先后两次夹在指间的蓍草一共是四茎。总之，上述四步操作结束后，除去抽出的和夹在指间的蓍草，余下的蓍草或为四十四茎，或为四十茎。此为第一变。

接着对余下的蓍草进行第二变，步骤与第一变完全相同，只是事先不再抽出一茎。第二变终了时，余下的蓍草总数或为四十茎，或为三十六茎，或为三十二茎。

第三变，为最后一变，步骤与第二变相同，在结束时余下的蓍草或为三十六茎，或为三十二茎，或为二十八茎，或为二十四茎。此时，卜人的手中夹满了先后六次计数剩下的蓍草。至此，营数已经取得。不在手中的蓍草按四的倍数求出营数，三十六茎的营数为九，奇数，阳爻；与此同理，三十二茎的营数为八，偶数，阴爻，二十八茎的营数为七，奇数，阳爻，二十四茎的营数为六，偶数，阴爻。

以上三变，反复进行六次，每次得一爻，六次共得六爻。将此六爻自上而下排列，组成一个全卦。凡是阳爻，即使其营数为七、亦以阳的最大数九称之。凡是阴爻，即使其营数为八，亦以偶数二、四、六、八的中间数六称之。阳卦的最下方之爻称初九，阴卦的最下方之爻称初六；由下而上的第二爻分别称九二和六二，第三爻分别称九三和六三，依此类推直至第五爻。处于最上方的第六爻分别称为上九和上六。

卦既出，下一步是释卦。卜人释卦，必以经书为依据。流传至今的论述蓍占的经书之一《易经》，是一部由若干繇组成的文集。一卦一繇，一爻一繇。这些广为人知且时时被引用的繇，文字艰涩难懂，它们所表示的是相关的卦和爻对于天地间万物的意义。卜人应以此为依据，对每一个具体事项准确地进行解释，以便对占卜所问之事作出确切的预测。

据以作出预测的是全卦抑或某一爻呢？正是在这一点上，蓍占显示出其复杂性和微妙性，人们由此可以体验到占卜科学赋予形状结构的巨大力量。六个爻的营数有可变与不变之分，爻的可变与不变决定卦的可变与不变。以何繇为依据则取决于卦的可变性的大小。在全部四个营数中，七为步阳，当少阳充分展示其阳气时，可变为九。九为老阳，只能变为属阴的八，所以营数九是一个可变之阳爻。与此相反，八为少阴，是一个不变之营数，只能变为六；六为老阴，是一个可变之营数，只能变为七。

依据天地之数计算，卦的总营数与天地之数两者之差，是变卦的原因。因为，卦的总营数最少为三十六（每爻皆为六），最多为五十四（每爻皆为九），而天地之数为五十五。所以，两者之间之差介于一与十九之间。卦的总营数呈现出自行变动以补足天地之数的倾向，却永远无法补足。当用于补足之数由初爻上数时，卦的可变性较小，当用于补足之数由上爻折返下数时，卦的可变性较大。

如何使用数字的方法创造文字并解释天地万物？这是一个非常重要的问题。应该指出，在中国古代，在《易经》出现以前，中国人已经创造了自己的数学，但中国的数学没有与西方数学相同的功能。

西方的数学是一门特殊的学问。在欧洲的传统中，从古希腊开始，数学是适用于广泛的科学领域的工具。在中国不是这样，中国古代已有数学，但《易经》比数学更重要。《易经》将数字用于所有的社会领域，成为中国社会思想的基础。连中国的数学家，有时也用《易经》来解释他们的问题。中国古人解释所有的自然、人文和社会现象都使用《易经》的系统，这是直接从占卜传统来，而不是从数学科学来的。这种做法有没有缺点呢？有。中国古代科学不同于现代科学。但问题不在于有没有缺点，而在于是否可以修正，如果可以修正，有缺点也没有关系。再比方说，在中国，中医是很重要的学问，而在西方传统中，物理学是最重要的学问，物理学的基础是数学，医学并没有这么重要；而在中国传统中，医学相当重要，因为它依靠《易经》。

第二章

依靠汉字文言考古学划分古代历史分期

（一）上古自发的兽胛骨占卜技术所产生的混杂裂痕（坼墨）——仰韶文化。

（二）宇宙模型式的龟甲取代兽胛骨，促使占卜技术走向科学化——龙山文化。

（三）龟甲反面精心凿钻的椭圆形孔洞，将其正面所显现的坼墨纹样标准化，成为"卜"。象的坼墨——商朝的第一半。

（四）从"卜"的坼墨推论出甲骨文——殷朝的第二半。

（五）从甲骨文派生文言文——西周。

　　第一章的题目，涉及语言学的方法。我经常会用语言学的方法来解释中国文化，但这种语言学的方法不是语言学家通常讲的语言学方法，所以有时会被语言学家所质疑。但语言学家的兴趣大都在口语上，忽略文字，对文字不感兴趣，而我认为，就中国传统文化而言，中国的文字是相当重要的。

　　我今天要讲的问题，与语言学界所说的"表意文字"与"表音文字"两个系统有关。中国文字当然不属于"表音文字"的系统，但从我的研究看，中国文字也不属于一般所说的"表意文字"系统。"表意文字"的概念，大概是从18世纪法国研究中国文化时开始使用的，这个概念的内涵与现在我们所讲的中国文字本身的内涵是有区别的。

　　先谈谈中国文字的重要性和特殊性。文字是不是都要由口语产生？一般语言学的答案是肯定的。语言学家认为，所有文字都要经过口语阶段才能产生和发展，文字是表述口语词汇的文字。不过他们使用这个概念应该是 20 世纪的事。在西方的语言学传统中，比较关注两河流域古老的文字，如苏美尔的楔形文字、埃及的文字，等等，这两种文字也都被认为是表意文字。但我认为，这种看法未必准确。苏美尔文和埃及文都是用土话表述口语中的已有词语，如果说这就是"表意文字"，那么他们所谓的"表意文字"实际是未"表意文字"，用这个标准来衡量中国的文字，情况是完全不一样的。

在《说文解字》中，"字"是一个形声字，它有口语的声符"子"，也有没有经过口语所创造出来的形符字头，这就说明，中国的文字不都是从口语来的，中国文字的造字系统是被创造出来的。中国文字的造字系统，古称"六书"，十分重要，它是产生于中国传统文化自身的文字创造理念和一套方法。它的造字方法分为六类，在甲骨文中就早已存在。我认为，这种现象是必须受到重视的。在中国文字系统中，最有意思的、也最需要解释的，是六书中的两种造字法——会意字和形声字，它们代表了中国文字创造理念的本质特点。

会意字。我在上一章中讲过，在甲骨文中，最早的汉字为"卜"，上"卜"下"贝"为"贞"，"贞"字就是一个会意字。还有一个字，上"卜"下"口"为"占"，这也是个会意字。还有其他很多文字就是这样被创造出来的。

形声字。它不是由两个有意义的字符结构成一个字，而是由一个有意义的字符和一个无意义的字符共同组成一个字。在这个字中，有意义的字符被称作"意符"；无意义的字符，被称作"形符"。形符虽然没有意义，或者准确地说，没有固定的意义，但它能传达这个字的读音，起到标志语音的发声形态的作用。

曾有人提出，形声字是从表意文字演化而来的表音文字，我完全不同意这种说法。形声字在甲骨文时代就有了，在甲骨文以后的三千多年里，甲骨文都没有演化成表音文字，所以这种说法是不对的。

那么，为什么会有形声字？我的看法是，创造会意字是一件很不容易的事。让一个字的两个字符同时都具有固定的含义，这很难；而两个字符的组合，还可能产生第三意；所以，依我看来，使用形声字造字是一种比较便捷，也比较符合实际的做法。形声字的造字速度也比会意字要快。我是怎么知道这个规则的呢？我发现，在甲骨文中，有不少表达人名和地名的词语，对此，中国古人用假借的办法予以表示，这是比较特别的。但在这之后，中国人又把这种办法给扩大了，变成更容易创造新字的新方法。例如，在甲骨文中，"走"字，本来是一个象形字，给它增加一个"走之"旁，它就成了形声字。甲骨文本无形符，多加了一个形符，表面上看不出来是形声字，实际上它已经是形声字。现在我们回到上面的语言学家的问题去讨论，如果形声字是由表意文字演变而成的表音文字，就不会有那么多的声符，因为在转向表音文字的趋势中，应该减少声符才对。一个英国人曾计算19世纪的语言有多少声符，一共找到了886个，这也是一种旁证，说明要创造一个声符，需要经过怎样的选择？而不是轻而易举地就变成表音文字。再看中国的文字，其中表示"jian"的声音，就有见、鉴、监、间等几十种不同的声符；表示少和小的含义，就有"浅、盏、贱"等多种不同的意符，这样复杂的造字方法在中国文字系统中普遍存在，要变成表音文字是不可能的。这是我个人的看法，也可以再讨论。还有人说，无论怎样，所有文字都要变成表音文字，因为表音文字最方便书写。中国为什么不需要用表音文字？因为中国文字有非常好的理性化的造字方法，不需要别的方法。当然，直到现在，书写中国文字都要比书写表音文字更困难，所以表音文字也有它的好处。

用六书的方法创造中国文字，同时也是一个规范汉字的过程。在中国历史上，六书经过长期的发展，在操作上更加细化，已形成许多可以灵活运用的具体造字方法。仍以形声字为例，用这种方法创造汉字的词汇，结果就有越来越多的词汇成为形声字。我引用一个台湾学者的研究，他指出，中国文字中的形声字的数量，在甲骨文中有27%，在《说文解字》中有81%，在《康熙字典》中有90%，在20世纪以来出版的书籍中有95%。现在的中国文字大部分都是形声字了，中国文字因此成为中国思想的基石。现在的中国文字简化了，有时不能明确其字源，但这不要紧。中国文字的造字方法是稳定的，所表示的内容是有含义的，这种造字方法便具有认知功能，这是更重要的。

我有一个观点与一般语言学家不一样。一般语言学家认为，语言的功能是交际，除此并无其他。但我认为，语言有两种功能，一种是交际功能，另一种功能是认知功能。认知功能与交际功能两者不同。人们在开始使用语言的时候，可能只是为了交际。但为什么会有文字？因为语言作为交际工具要发展成为认知工具。

中国的文字在理性化之后，就成为一种有秩序的、社会适应性很强的词汇系统。《说文解字》经常说，某字是从别的某字中衍生出来的，我很注意这个观点。我认为，中国文字的词汇系统是有父系和母系之分的，就是说，中国文字有父系的亲属系统，也有母系的亲属系统。父系的亲属系统，即形符关系网络；母系的亲属系统，即声符关系网络。中国文字大体具备这种基本结构，并用来表达世间万事万物。这不是现代科学，但这是科学最初的第一步。交际的语言没有认知的功能，直到有了文字以后，才能产生语言的认知功能。所以我看，没有文字的文化，就不可能有文明的进步；文明的进步是需要以文字的进步为依托的，文字是科学的开端。

我在上节课讲过，中国最早的科学是占卜学。为什么会有这样的学问？为什么中国社会会有这样的安排？会有这样的理性化？这是因为在中国，中国文字的兴起是从语言的认知功能开始的。我自己编了一种表格（图3），给大家看一下，这是一排竖行的字，它们是形符的字族，其中，第一列是"人"字，第二列是"力"字，第三列是"心"字。再看这里，这是一排横行的字，它们是声符的字族。这两个字族的有序结构对中国的社会思想的影响是极为深刻的。举个例子说，使用"女"字或"母"字旁的字，有"毓""妻""妾""好"等，看上去字数不多，但翻一下字典就能发现，有250个字都有"女"字旁。有"母"字旁的字比较少，只有5个，但将两者加在一起就多了。这样的字族，能够帮助我们了解与"女"有关的各种社会活动和各种生活事物。中国人认为哪种关键活动与"女"有关，就在表示这种活动的文字上增加一个"女"字符，这个字符就有它的社会运行意义。字符也可以改，但总归这是一种非常优良的造字办法。

	人,亻	力	心,忄	木	水,氵	纟	艹	言
半	伴		怑	柈	泮	绊		
方	仿			枋	汸	纺	芳	访
分	份		忿	枌	汾	粉	芬	纷
工	仜	功	忊	杠	江	红		讧
古	估		怙	枯	沽	绐	苦	诂
矦	侯		候	椻	溇	缑	葔	误
交	佼	劾	恔	校	浇	绞	芝	较
亟	俓	勏	悭	椏	涇	经	茎	谨
句	佝	劬	恂	枸	泃	绚	苟	诟
可	何			柯	河	轲	苛	坷
每	侮	勄	悔	梅	海	繁	莓	诲
甬	俑	勇	恿	桶	湧			诵

图3　汉字形符结构分解示意图

关于"人"字旁的形符字族，大家看第一行，这个字代表"人"，是最古老的象形字。你们再看，这个字也是一个人，站起来作低头状，我认为，这个"人"字就有礼仪的意思。礼仪对中国文化来说是非常重要的。再看这个字，这是一个"大"字，一个站着的人。再看这个字，这是一个坐着的人，表示"正坐"，现在日本还有这种坐姿。看这个字，这是一个"尸"字，是一个人蜷缩着身体，很多民族都把死者以这种姿势埋入地下，这是本民族的制度和风俗。其他语言里有没有种现象？我看过埃及的文字，里面也有图画，图画的内容也有意思，但他们的图画都比较简单，没有经过这种考虑。中国文字是经过系统考虑的，理性化的文字。无论是苏美尔文字还是埃及文字，都没有达到中国文字的理性化程度。①

　　现在再讲口语。口语也有组织字词的方法，不然就不能够说话。要说话，就还要有字节或词组，所以口语中也有相同的或近似的词组。但口语的这种关系词组与中国文字的字族网络完全不一样。哪方面不一样呢？

---

　　①　关于表意文字与表音文字的讨论，参见拙文《"占卜学"对"神学"、"表意文字"对"表音文学"》，于珺译，《跨文化对话》，2012 年第 29 辑，第 195 ～ 198 页。

第一，口语的词组是无序衍生的语言交际现象，中国文字是有序演进的文化系统。

第二，口语的词组是不规则的词汇，对其也可以做研究，如词源学的研究、社会学的研究等；但中国文字是有严密规则的整体结构。与中国文字的系统性相比，研究它的口语词组，我认为，有些结论是靠不住的。

有些中国学者致力于这方面的研究，比如王力先生。王力先生是我很佩服的一位中国语言学家，他写的汉语史著作很有意思。但他要研究的是中国词语的词源，而不是字源。有的语言学家提出，不是没有办法研究中国古代的语音，但我认为，要在中国古代口语发音的基础上研究口语的词源，几乎是不可能的。在王力所编《同源字典》中，他提出，所谓"同源"，指词的范畴，因为在中国文言中，字即词。他在实际研究中却只看词，不看字。在这点上，他是与西方语言学家的做法一样的，他们都认为中国文字是中国口语的词组的符号，我不同意这个看法。王力先生是非常聪明的中国学者，他为什么会有这样的看法？因为他在巴黎研究语言学，跟语言学家梅耶学习，梅耶是法国上世纪二三十年代非常出名的语言学家，王力可能受到他的影响，以为中国的语言跟欧洲的语言是一样的，文字也都是代表口语的词的。我看了他的《同源字典》，感到有些地方很奇怪。这个字典的用字范畴，涉及到中国最古老的字族，但他发现的字族，都被他指明字数很少，比如在上面提到的"女"字或"母"字，这样重要的字族，本应字数很多，但他却说，"女"字或"母"字只有两、三个字，这是不可能的。中国的口语词组没有很大的社会影响，但中国的文字却有悠久的、深刻的社会影响。

在中国文字中，中国人怎么表述时间？怎么表述空间？这很重要，因为这些都是抽象的东西，不容易写，但中国文字就能将之表达出来，反映了深刻的社会思想。例如，在表达时间上，有几个很有意思的中国字。第一个字是"旬"字。"旬"字很有意思，大家看"旬"，这是一段螺旋线。在西方文化里，代表时间的意思应该是直线。中国文字为什么就是螺旋线而不是直线呢？因为按照中国人的看法，时间是每年循环的。至于每年循环一次？还是循环两次？这是不一样的。"旬"这个字，就很好地表达了这个概念。还有"昔日"的"昔"字，它的上部是走的意思，下部是一个"日"字；"昔"字就是表示走过去的日子。现代的汉字比古代汉字有点变化，但这没关系。中国的书法家还是要写古代的汉字，在他们的头脑中还是有这样的观念，他们在写字的时候，就会用这种观念去影响他们对文字的笔画布局。大家看这个词组，这是"空间"二字，其中，"空"的声旁是一个"工"字；再注意"间"字，上面有一划，一划的意思是注意头。为什么要注意头？因为"间"是整个世界的头一个东西。比如萨满教，萨满教里没有神，但有动物，有自然的东西，也有超自然的东西，这些东西才是最早的。在中国的概念里，"间"不是空的，在人之上，是世界的第一个。在西方的文化中，地位最高的是上帝，上帝是个人化的东西。中国思想里的人之上的概念，即宇宙的概念，宇宙的地位最高，这就与西方的概念不同。在西方的概念中，上帝的地位最高，这是非常个人化的东西。中国文字里的"间"表示引导世界的方向，它不是个人化的东西，是宇宙的规则，所以后来才有阴阳五行之学。

还有几个字需要说一下。比方说"势"字。"势"，在中国人的思想中，是很重要的概念。西方就没有这样的字，不容易翻译。这个字怎么写呢？在甲骨文里没有这个字，但看这个字的构造就会明白这是怎样一个字。"势"是一个会意字，它的右边是一个人，手里拿着一种可以站起来的植物，旁边还有犁，与农业有关。农业能帮助植物自然地生长起来。世界上的其他事物，也应该可以与植物一样，自然地生长，自然地发展。一个王侯，如果可以自然地发展，他就没有必要去使用权力。这就是"势"，我认为是这个意思。

比方说"仁"字，这是代表儒学的最重要的概念之一。从前它有三种不同的写法。儒学所用的"仁"字，是儒家自己的创造。儒学的"仁"，表示两个人相互的态度。这与西方的"爱人"的观念是不一样的。爱人，把所有人都看成是同样的、同等的人。儒家的文化不一样。儒家文化按照一个人的社会位置确定对他的行事方式。如果儿子面对父亲，就要有对父亲的态度，当然父亲不是平常的人。如果儿子面对母亲，就要有对母亲的态度。我觉得这样考虑问题比较有道理。基督教所说的爱，没有将对待父母与对其他人的态度加以区分，我看就不太有道理。

除了"仁"字，我还知道另一个造字的故事，就是唐朝的武则天创造了新的文字，比如"曌"，指空前的光明。但武则天造的字很早就失传了，没有人用，成为个别的例子。

再比方说"卦"字，也是会意字，它的右边就是一个数字。《说文解字》有另外一种说法，说"卦"是形声字，有声符，也有形符，我不大同意这个观点。我认为，这个字大概从一开始被创造出来，就有用数字替代龟甲裂缝所示征兆的意思，那时已开始有"卦"。我非常注意这个字，但我还一直没有找到很可靠的证据，没有发现最古老的材料。现在关于这个字的最早材料是汉代的，再早的就没有了。但在汉代以前，还应该有关于这个字的形成的材料。我认为，用数字占卜，出自《易经》。我和朋友讨论过这个问题。一个朋友对我说，这是不可能的。如果是《易经》的用数字表示的字，应该是有阴阳的。但我的意思是，当开始有这个字的时候，那时还没有阴阳。我不知道，当时为什么用"7171"来代表占卜的数字，可能是"71"合起来比较好看。如果用"86"，就没有这样好看的效果。我不能说一定是这样的，这需要以后发现更早的材料，比如用周朝、殷朝末年的资料来证明。现在的材料都算不上真正的证据，材料都不够古老。

中国文字不容易更改，这样的文字应该永远使用下去。很少有民族能够自己创造这样的文字。中国文字的不足是不容易创造新概念，尤其是文言文。比较说来，表音文字容易创造新的概念，这是表音文字的好处。所以我想，中国文明一直到16世纪可能还都是世界上最发达的文明，但再后来的4个世纪就断裂了。与此同时，西方文化开始有了新的创造，产生了现代科学、现代工业，发展很快。西方依靠的是比较容易创新的表音文字。

我认为，中国表意文字的最大优势体现在中国文学中。中国的文学超越了西方的文学。中国没有哲学，哲学是西方的东西。但中国有文学，在中国文化中，最伟大的思想家要表现自己的思想，就都使用文学，而不是哲学。我最佩服的中国思想家庄子，他写的东西就都是文学的。孔子不是思想家，而是政治家。他的《论语》是他的弟子结集的，不是他本人写的。他是中国最伟大的历史人物有道理，但在思想方面，他没有什么发展。在儒学方面，朱熹、王阳明是真正的思想家。他们受了佛教和道教的影响。

为什么中国会有这样的历史？对此我们应该了解。我记得牟宗三说过，因为中国发现的东西太早了，以后就不再继续发展了。西方人对此也有各种看法。我自己的看法是，这与中国文字有关。思想依靠文字，文明依靠思想。现代中国恢复了发展活力，是因为中国现在的文字不仅仅是表意的文字，而且也是表达口语的文字；而且表达口语的中国文字不仅仅是表音的，也还继续表意。对这种现象，应该研究，希望你们来研究。我知道，现在研究文言的人越来越少，这与西方的情况一样。我上中学的时候，我读希腊文、拉丁文，但我不会用希腊文、拉丁文写东西，我父母就会写。现在我的孙子已经不学希腊文和拉丁文了，世界到处都一样，这是很可惜的。

我同意中国洋务运动的改革。我看中国的杂志，现在还有人在研究洋务运动。我的中国老师饶宗颐不会用白话作文，他给我写信都是用文言，中间偶尔夹杂着白话。现在的教育，不但要学新东西，也要保护古代的东西，还要明白别的国家的文化，这就比从前的教育更复杂了。人们没有办法把所有的古代的东西与现代的新东西都学到手，但我认为，至少应该有少数人全神贯注地研究古代文化，也要有人去研究新的东西，各种好东西都应该得到研究。

在西方国家，知道远东文化的人很少，知道中国文化的人就更少了。当然也有专家，有汉学家，他们研究中国文化做得很好。他们大都是社会地位比较高的学者，但还是不太明白中国的古代文化，在这方面应该补课。在东亚，无论是中国、日本、韩国或越南，他们的学者所知道的西方，要比西方学者所知道的东方多得多，这是因为西方影响很深的缘故。

现在西方人开始明白，不能不研究中国的古代文化。我记得上次讲课时告诉过你们，四十五年前我在法国念中文的时候，在东方语言文化学院，中文系只有 13 个人，现在法国学中文的人至少有 5 万，这有很大的变化。

中国现在正在努力把自己传统的好处与西方的好处结合起来，这是很有希望的做法。汤一介先生讲过，要提倡"了解学"。西方人要了解中国，要用中国的材料研究中国的思想，我同意汤先生的提法。我批评西方语言学家，是因为他们又要了解中国，又要用欧洲的语言学理论来套用，这是不行的。他们应该向中国的语言学家学习。西方的语言学家还没有注意到中国的语言学家，这是一种严重的失误。我希望能开出一条路，用中国的材料解释中国的思想。

第三章

用整体观点考察中国思想的特殊性

（一）甲骨占卜学的道理在于演示了相似结构之间的对应关系。由占卜学发展而来的中国思维有利于关联性思考，而非因果性思维。

（二）一般中国科学都用《易经》象数之学推算关联的范例。

（三）中医基础学说是关联性推理，故成为中国科学之王。

（四）中国文学的对仗格式，充分反映了关联性的思维，因而成为中国人最普遍使用的修辞方法。

你们知道，我的研究工作是把中西方文化互相比较的。西方文化的基础是神学，西方最重要的书是《圣经》。中国的文化基础是不一样的，中国文化的基础是占卜学。占卜学的道理在于演示了相似结构之间的对应关系，由占卜学发展而来的中国思维是关联性思维，而非因果性思维。在对中国文化的研究方法上，认识到这一点很重要。根据中国文化的特点，我们就要用整体观点去考察，特别要考察中国的占卜学对后世思想的发展，乃至对后期社会发展的作用，本节主要讲这个问题。

占卜学的思想是关联性思想，这与西方的思想是不一样的。西方的思想最重要的不是关联，而是因果理性。这不等于说中国文化里就没有因果性思维，但中国文化的基础是占卜学，中国人特别喜欢从关联性的意义认识各种自然与社会现象。

甲骨占卜学是中国早期文化的发端。我们从甲骨文中知道，上古时代龟卜方法的意义，在于成为

《易经》学说的开端。在它们之间一脉相承的东西，就是关联性思想。什么是关联性思想呢？关联性思想是一种形式性的关系。使用龟卜的占人，他们研究龟卜的模型结构，由这个结构关系，推测很多别的关系。《易经》有六十四卦的模型结构，我记得，《易经》里有一章讲到，所有的发明，看似在六十四卦之内，其实还可以在这之外获得到。《易经》由此开始，发展出阴阳五行家。在阴阳五行之后，再发展出其他的学派。但是，中国人无论发展出怎样的学派，都多多少少地使用阴阳五行的方法认识事物。

《尚书·洪范》与阴阳五行有关。很多学者都认为《洪范》是假的，是后起的。现在的研究也承认，《洪范》里也有可考的东西。我注意到，在《洪范》中有"伦"的概念，认为所有生物都应该依"伦"而生存。这个"伦"实际是一种假设。宇宙万物都有"伦"，暗示万事万物是由阴阳五行决定的。中国思想还有一个特点，是从《易经》的数学来的。这不是现代意义上的数学，现代意义上的数学是讲数字的其他特点。《易经》的数学是象数之学，它特别注意数字的形式。例如，它很注意"五"字，并用"五"代表很多"类"，有很多形式上的假定，如五行。其他各种衍生的类别，都用"五"来表示，如五腑结构、五脏结构。这是五元性的，还有四元性的、八元性的。不仅如此，还有从四元性、五元性和八元性中再产生新的关联可能性。这是用《易经》的象数之学推算关联的范例。

怎样用整体观点去认识中国文化？这是我今天要讲的重点。以下我主要讲中国历法、中国医学、中国史学和中国文学。

一、中国历法

中国最早有的历法是干支历，这是很特别的一种历法。在中国之外，只有南美古代社会有这种历法。在我看来，南美古代的玛雅文化大概就是从中国来的，这个以后再说。干支历是中国发明的一种特殊的历法，它用 60 个词标记，循环往复。从我所读过的材料看，中国人对这种历法的使用，从古到今没有断层。董作宾对它做过专门的研究。这个历法的发端，最晚应是殷商时期，大概在殷商以前就已有端倪。现在我们看到的材料只有甲骨文，在甲骨文之前，看不到材料。

为什么关注历法？历法是人类用来安排活动的法则，所有文化都有历法。历法是依据自然现象编制的文化文本，尤其是天文现象。天文方面可以依靠的自然现象，对人类活动来说，最可用的，是白天与黑夜的交替运行，这就是一天，是"天"的一个单位。此外，是"月"，"月"是需要计量的另一个单位。人类无论聚居何处，拥有何种文化，都要使用"月"的单位编制历法。在"日"与"月"之间，存在第三个计量单位，西方人叫"星期"，中国人叫"旬"。"旬"的计算方法比较简便，可以用两只手来计算。"旬"是一个"月"的三分之一时间。"星期"是一个"月"的四分之一时间，四分之一与三分之一差不多。但为什么中西方的古代文化这样不同？应该找到一种解释。在西方，一"星期"为七天，这是按照天神的意志安排的人类的时间，星期一、星期二等都被认为是神管的。在中国，怎么解释"旬"？"旬"有十天，对此有两种解释：一种是神话，另一种是我刚才讲的关联性思维。中国历法中的这个现象与中国最早萌芽的关联性思想有关。

我现在给你们讲个神话。大概你们都知道，旬有十日，这个十和十二个干支要合起来计算。神话讲，羲和结婚了，生了十个太阳。常羲结婚了，生了十二月亮。在每旬的每一天里，都有一个太阳值班，值班的太阳都是羲和的儿子。白天过后是黑夜，一个太阳应该分配一个月亮互相运行。为什么会有十二个月亮呢，十二这个数是代表月亮的。又一次，发生了一场灾难，十个太阳同时跑出来了，人类世界不堪其苦。有一位大神后羿，他开始射太阳，射下来九个，留下一个，世界恢复平静。这完全是神话，但在这个神话的背后，也有理性的思想。有一个材料是《左传》里写的，讲到伯瑕，是一个诗人，也是一个卜人。他遇到了一件奇事，别人就问他，为什么会有这种奇事？伯瑕就做了一个关于历法配置的回答。现在我选伯瑕的一部分回答给大家看，当然他还讲了别的话，但我在这里没有时间全部引用。大家看，伯瑕说，岁、时、日、月、辰都改了，"故以配日十又二月"。他的意思是说，为什么会有天干配地支？这是因为有"日月之会是谓辰"、"子丑配甲乙"，这就是伯瑕讲的天干配地支的道理。

我想尝试解释为什么会有这样的说法。我认为，这是由日、月两种天体的运行机械地外推十干和十二支的思维方式。这里有两个系统，十干是第一个系统，十二支是第二个系统，第一个系统与第二个系统结构相同，这里就有关联性思维。怎么分析这个道理呢？第一个系统代表十个太阳跟一年的关系，第二个系统代表十二个月跟一年的关系。第一个系统讲太阳的运动，认为太阳比月亮力量大，太阳可以牵引月亮运转，由此推理，十干就可以带动十二支的运转。这种解释当然是假定，因为古人并不知道，其实不是太阳围绕地球在运转，而是地球围绕太阳在运转，不过古人的关联性思想更有意思。

中国历法属于中国文化传统，它的解释是神话性的。最早流传的是黄帝的臣子制造历法的神话。有趣的是，在后羿的故事中，后羿射杀了九个太阳，恢复了世界的秩序。后羿是天帝尧的臣子，帝尧在黄帝之后，这里的意思似乎是说，黄帝的神话被后世的历法取代了。尧的历史，后羿的神话，都反映了比较有理性的说法。

二、中国医学

现在我来讲中国医学，即中医的学问，或称中医学。中医学的基础学说是关联性推理，故成为中国科学之王。中医的基本原理是讲身体内部器官与外界现象的关系，这种关系是关联性的关系，因此比较喜欢关联性推理的中国思想家都很重视中医学。我认为，中医学可能是中国学问中发展最好的一门科学。中国也有其他科学，如力学、物理学等，但中国似乎特别喜欢中医学，不少有学问的中国人都懂得中医。西方重视物理学，物理学的基础是数学。数学是一种工具，可以辅助别的科学的研究。中国也有数学，但数学在中国文化中只是一个特殊门类，而不是用来辅助其他科学发展的工具。中国的《易经》是辅助其他科学发展的工具，中医学的基础是占卜学。

中医学的关联性思维有以下两个特点。

　　第一，中医学不大研究身体本身、器官本身，而关注身体器官的变化和功能。占卜学就是研究变化的，考虑现在的事情怎么变成将来的事情，这是一个很重要的特点。中医学探究的不仅是身体内部器官之间的关系，或者身体与思想的关系，而且是身体跟所有宇宙万物的关系。中医对于身体器官本身的关注，反而不如对身体器官与外界事物的关联的关注。在《黄帝内经》的很多章节中，都讲身体器官与四时、五行、情绪、情感等的关系，这些关系都是关联性的关系。

　　第二，在中医学里，有些功能似乎找不到对应的身体器官，比如所谓的"三焦"。"三焦"有很重要的功能，被广泛地用于针灸理论。这个理论是建立在经络学说之上的，经络系统至今也没有从人体内找到，但这个学说的确是行之有效的。我这里有一个图，是医学书里的插图，它不讲器官，而是讲功能，完全是概念性的图。这个图代表了中医学的学说特征。我特别佩服李约瑟，他在这方面很有学问。他说，中医与西医至今未能融合，但中医很好地保存了自己的思想体系。现在西方人也没有找到如何用西方科学解释中医的途径。

三、中国史学

我不是从事史学专业研究的，我不过注意几个可以证明的观念，主要是理性在中国文化中的重要地位。这里主要从人文科学谈起。

在中国人文科学中，最重要的是史学，但中国史学跟西方史学的差别很大。中国史学家揭示历史性的现象，跟中医一样，挖掘人的历史、社会变迁与宇宙运行的关系，这与西方的人神合一主义的史学是完全相反的思路，但这也是中国人文科学的一个特点。董仲舒有一段比较有名的话说"人有三百六十节，偶天之数也；形体骨肉，偶地之厚也；上有耳目聪明，日月之象也。"这种历史观就是从占卜之说来的，中国史学就是由占卜学转化而来的学问，是占卜学为历史学。在这方面，我找来我自己对中国文字的研究作证明。

你们看，这是中国文字中的"史"字，这是书写的"书"字。我们再来看两个字的历史。"史"字，最古老的意思是一个官员，这个官员是占卜学的专家。你们看这里，这里是一只"手"，"手"里握一只毛笔。为什么有毛笔？因为史官不仅要写字，还要占卜，毛笔也是占卜学的工具。最早有的占卜方法是用甲骨烧制的裂缝显现征兆，这个裂缝很细，不容易看到，就要用颜色涂抹裂缝，这样卜人就能比较容易看到。我记得，我看过一个民俗学家在中国云南的研究，讲一个民族，用羊骨做占卜，民俗学家说，在羊骨出现裂缝之后，应该用颜色涂抹骨头，用黑灰的颜色，用红色的颜色，都是一样的，不然这个裂缝就看不见。在文字发明之前，也已经有一种毛笔，毛笔的用途是将颜色涂在占卜的骨缝上。

下面来看"书"字，这个字也是一只手持一支笔。这支笔是向下的，上面所说的"史"字，"笔"是向上的。"史"和"书"的关系，我看很像"考"和"老"的关系。"考"和"老"是《说文解字》中最有代表的篆字。不过《说文解字》并没有解释，因为在《说文解字》的时代，甲骨文的传统几乎看不到了。这是我个人的看法。现代考古学不断有新的发现，我是很注意"书"跟"史"的关系的。

四、中国文学

中国文学也有关联性思维，其中的对仗修辞法最为突出，因而对仗也成为中国最常见的修辞方法。

西方文学没有对仗，只有对称。西方的对称完

全是句子的形式对称，没有音的对称。中国文学的
对仗不同，不但有句子形式的对称，还有句子意义
的对称，因此对仗很有力量。中国诗词经常使用对
仗的修辞方法，中国散文也如此。我在这里举一个
例子，是苏东坡题武昌黄鹤楼的四句联语：

爽气西来，云雾扫开天地撼；
大江东去，波涛洗尽古今愁。

这是一组对仗工整的对联，不但句型是完全一
样的，连"爽气"对"大江"，"西来"对"东去"，
"云雾"对"波涛"，"扫开"对"洗尽"，"天地撼"
对"古今愁"也都字字讲究，语意对称，这是中国
典型的对仗。西方诗人要表达大自然引起的个人感
应心情，使用的手法是描写法，而且这种方法只用
来传达个人的情感。中国的对仗不同。中国对仗是
在大自然中寻找各种关联的关系，包括天跟地、水

跟火、"扫开"跟"洗尽"等，都是大自然的各种关系。

再谈谈《文心雕龙》。刘勰在《文心雕龙》的《神思》中说：

登山则情满于山，观海则意溢于海，

我才之多少，将与风云而并驱矣。

他的意思是说，诗人要攀登山峰，他的情感就要弥满山野；诗人要观望大海，他的意念就要随天风海涛一样波澜翻滚；诗人要取得个人创作的成功，就要将自己融入大自然之中。中国的诗人是使自己感应自然，而不是让自然感应自己。这是中国思维的重要特点。总之，我们看中国诗歌与看西方诗歌的感受是完全不一样的。

中国文学还有很多值得研究的东西，我只是从我认为最能代表中国关联性思维特点的地方谈谈看法。我的研究对象不是医学、史学和文学本身，而是指出它们之间所共同存在的关联性思想。

最后讲结论。我不敢说我研究所有的中国文化，我只讨论了最能代表中国思想的部分。我从开始有资料的殷商甲骨文时代，一直谈到到现代中国文化，都在谈它的文化思想特点。我不是说《易经》的占卜学可以直接用来代替现代的新科学，实际上，现代科学已远远超过占卜学的原理和技艺。但也有一些古代思想财富是可以保护的，古代的好的思想方法也是重要的保护对象。比方说，现在西方数学与中国数学都统一化了，但是，法国数学家、美国数学家和俄国数学家还是有自己的特点，本国本民族利用自己的特点也能发展。现在中国已了解了西方的科学，但中国的数学家、物理学家和医学家也可以有自己的别的见解，这样也能对人类科学的进步做出自己的特殊贡献。在历史学方面，中国史学与西方史学的概念很不一样。我刚才讲到中国文字对于历史的"史"和"书"的解释，西方的 history 则是另一个意思。History 原指"故事"。西方历史学可能源自希腊的希罗多德，他做历史的方法就是在古希腊各处搜集故事，尤其关于希腊和波斯的战争的故事，他利用所搜集的故事撰写的著作就是 history。中国的"史"学完全不同。中国对历史现象的解释是依靠关联性思想的，中国古代用阴阳五行的办法解释人事国运就传达了这样一种思想。20 世纪 20 年代，在中国，马列主义史学得到迅速的传播和发展，为什么马克思主义能很快地得到中国学者的认同？其中的原因之一，大概是马克思主义的唯物主义思想，物质的、辩证的、社会进化论的观点，与中国传统文化中的五行的讲法比较接近。中国有这样的社会思想基础，中国的历史学者本身也很习惯于这种思维方式。我承认马克思主义有重大贡献，但是，我认为，唯物主义的生产方式很重要，但所有的生产活动都要通过思想进行，所以我在中国文化研究中特别注意思想。

第四章

特别考察中国文化的基本特点："礼治"

因果律属于结缘性的逻辑。关联律属于形式逻辑，用于制定社会生产关系。结缘性的逻辑导致权理（juridisme：权利／权力之道理），形式逻辑引起礼理（ritualisme：礼仪之道理）。权理的核心是私有制，中国古代因为低估结缘性，所以不用有私有制，当然也不会彻底使用奴隶制。在礼理的支配下，中国古代生产方式为封建集权下的井田制（这种古代中国的封建与欧洲中古时代封建相差很远）。土地私有制是战国时期法家废除礼理建立的。此后的两百年，汉朝恢复了礼仪制度，同时也因袭了前代的土地私有制，但中国的土地私有并未完成。中国的权理规则正是在这种未完成的私有制基础上发展起来的。它尚未进入封建帝国官僚体制，仅限于商人习俗，故中国的资本主义生产方式虽然获得了相当的发展，但始终未能制度化。

感谢乐黛云教授和王宁教授来参加今天的讲座，感谢同学们来听我今天下午的课。今天是最后一讲，我主要介绍我研究的中国文化中的"礼治"的观点。我认为，这是中国文化的基本特点。

一、中国历史的分期

按照我的观点，为中国历史分期，我认为，应该从中国文字产生伊始和中国文字发展的不同时期来划分，主要分为四个时期。

第一个时期，文字发端期，即殷商甲骨文时期。

第二个时期，文言形成期，大约为公元前 11 至前 3 世纪，为周代至封建诸侯国时期。

第三个时期，文言文化时期，这是比较长的时期，自秦至清，直到 19 世纪末，这是中国帝国型的国家时期，依我看，没有别的国家拥有这样长的帝国历史。

第四个时期，文字书面化时期，20 世纪初至今。

关于中国历史的分期，当然还可以有其他的观点，但我个人更倾向于用这种观点划分中国历史。

二、中国文化的一般特点

我今天不谈整个中国文化的大问题。我集中谈谈自己对中国思想研究领域的观点。我主要研究上古时代的中国，特别是商殷甲骨时期的中国文化和思想。我觉得，从这个时期开始研究，观察它对中国文化思想的影响，可以发现六个特点：

第一，萨满变成巫师。这是因为中国文化很早就有占卜学的特点，我在前面的课中多次说过，西方文化是基于神学的文化，中国文化是基于占卜学的文化，这是中西文化最大区别。

第二，祖先崇拜。萨满时期不会有祖先崇拜，祖先崇拜大约起于商代。

第三，单边体系。在殷朝时代，从甲骨文的材料看，中国很早就有国王，这是一个很特别的、很重要的特点，也有地方行政官员，但地方官都是国王派出的。从中央到地方的关系，是垂直的线性关系。

第四，长子继承。国王的权力继承是长子继承制。在殷商王朝的继承人就是商王的长子。国王的其他儿子都被派到地方，管理地方的事务。

第五，国家集体农业，如井田制，下面我要专门讲到井田制。

第六，手工业发达。中国的青铜器制造业在殷商时期就已达到很高的技术水平，还有其他手工百业也很有名。

三、中国的封建集权制

现在我要介绍中国的封建集权制度。中国的封建制与欧洲的封建制不一样。过去西方学者用同一个"封建"概念研究中国和欧洲中古时代的封建制，这是不正确的做法。

"封建"一词，是中国概念，用以解释中国周代的封建制。西方汉学家所犯的错误，就是用西方的概念解释中国的封建制。使用同一概念研究不同的制度不是绝对不可以，但要在同一概念的表层之下，指出各自文化不同的内涵。

西方的封建制是从罗马时代开始的，开始的时候很混乱，后来逐渐走向规范。中国则相反，中国的封建制从开始就有规范的制度，但到周末产生了乱象。中国的封建制是宗法制，西方没有。中国封建制的基础与祖先崇拜有关，西方也没有。西方封建制也有宗教关系，但是与中国完全不一样的东西。西方的皇室与宗教联系很紧密，所谓政教合一，拥有特权。中国的封建宗法制与祖先崇拜结合在一起，《礼记》就讲安排好个人，安排家庭，再到安排好全社会的整体道理，即"修（身）、齐（家）、治（国）、平（天下）"，中国社会由此形成了一套"礼理"文化。

四、中国的"礼理"文化

中国文化从占卜学开始，讲关联性的关系，这在思想范畴上属于关联律。关联律属于形式逻辑，被用来制定社会生产关系。形式逻辑引起"礼理"（ritualisme），礼理重视礼仪的道理。

在礼理文化的支配下，中国古代社会的生产方式是农业国家封建集权下的井田制（这种古代中国的封建与欧洲中古时代封建相差很远）。井田制是殷朝产生的生产方式，井田最古老的材料见于《谷梁传》。《谷梁传》非常重视礼理的地位。我认为，井田制的重要特点，就是把耕地划分为多块，分给农业人口耕种。一些材料中说，那时土地全部属于国家，其实当时还没有所有权的概念，不能说土地属不属于国家。为什么会有井田制呢？我认为，问题不在于没有足够的土地交给百姓耕种，而在于要扩大参与耕作生产的人口，没有人口就无法耕地。当时所有制的问题还没有提到议事日程上来。没有足够的人口开拓荒地，已成为阻碍社会发展的大事。井田制的实行，就是让每个家户都能耕种百亩土地，一百亩的面积是相当多的，不容易耕种，故后来实行变法改革，如秦在战国时有商鞅变法。

战国时期。法家废除礼理，建立土地私有制。

此后的两百年，汉朝又恢复了礼理制，同时因袭了前代的土地私有制，但中国的土地私有制始终未能彻底完成。中国古代因为低估结缘性，所以不用有私有制，当然也不会彻底使用奴隶制。

中国的权理规则正是在这种未完成的私有制基础上发展起来的。它尚未进入封建帝国官僚体制，仅限于商人习俗，故中国的资本主义生产方式虽然获得了相当的发展，但始终未能制度化。

西方是权理社会，权理的核心是私有制。

五、中国"礼治"的特点

现在我要讲一个非常重要的话题，就是中国的"礼治"的特点。今天尤其要讲"礼治"，还是因为我所强调这是中西文化最大的差异。西方讲因果律，因果律属于结缘性的逻辑。结缘性的逻辑导致"权理"（juridisme），权理重视权利或权力的道理。"礼治"重视符合社会整体礼仪的行为准则。它所看重的礼仪是一种行为方式，但礼仪只是行为的形式，不是行为的内容。

这是一个很难明白的概念，为什么礼仪所规范的是行为的形式，而不是行为的内容呢？你们应该记得先秦《仪礼》所规定的仪礼的种类。礼治分五类，仪礼也有五种，分别是吉礼、凶礼、军礼、宾礼和嘉礼。在这五种仪礼中完全没有劳动的内容，说明仪礼是为贵族安排的，故没有劳作的内容。这五种仪礼还可以进一步分类，分两类，一是经礼，一是曲礼。经礼是比较严格的，是在庄严仪式中执行的行为规范。曲礼是比较简单的，是在日常社会使用的行为规范。曲礼是模仿经礼的，但从形式到内容都比较简单。现在大家看到这些解释，可以明白礼仪是什么？怎样发挥作用？

现代学者很少研究一个问题：礼仪为什么有

效？不少中国古代思想家做了这方面的讨论，但迄今为止，我还没有看到现代学者研究这个问题。经礼很讲究上层社会阶层遵守伦理规范，一个人保持与经礼一致，就说明这个人是遵守社会秩序的，当然这是外在的遵守，不一定是内在的服从，但这个人至少在外表上是赞成这个社会的制度和伦理的。人们多次参加庄严的经礼，并在日常社会生活中也遵守曲礼，不断地重复这些仪式，终令外在的遵守自然而然地渗透到内心，成为礼仪习惯。我认为，这就是中国古代的"礼治"的含义。中国古代思想家荀子说过："乐也者，动于内者也；礼也者，动于外者也"，说的就是这个意思。如果一个人经常表示一种态度，这种态度就慢慢地成为那个人真正的态度。除了荀子，中国其他古代思想家也有这样的看法。礼仪是"空白"的形式，很容易执行。一个人慢慢模拟礼仪行为就会成为实际上的好人，我认为，这是中国礼治中最重要的、最有意思的思想。

　　有一个相当有意思的中国古代的例子，就是将礼与鞋做比较。鞋子是空的，是可以穿的，穿上鞋，就能保持正确的走路姿势。礼也是空的，是像鞋子一样容易穿进去的，穿上以后，就可以保持良好的行为方式。在《易经》的《序卦》里，就有类似的比喻，《易经》的比喻是"礼"与"履"的关系，在文字上标明是转借的关系。这种比喻，应该是当时人们的一种空想，但这种空想也是非常有意思的。为什么"礼"与"履"是转注字？因为在古代，它们的发音相似，因此人们就联想到"礼"与"履"是差不多的意思。

　　还一个特点也很有意思。礼制是从宗教衍生而来。"礼"这个字，从起源上说，大概是较大的宗教仪式。执行"礼"的宗教仪式的内容，是崇拜某种进献品。古文的"礼"字代表某青铜器，一种礼器，里面盛放着祭祖的供品。"礼"器里面的供品究竟是什么呢？我从前以为，可能是一种植物。无论怎样，原来"礼"是有宗教性的。中国文化的一个非常重要的特点是，宗教性的态度可以成为理性的东西。但在从前的士大夫社会中，宗教性实际上是被"礼"代替了，这是中国文化的一个很重要的特点。从什么时候开始起有这个变化的呢，大概是殷朝末年到周朝初年。我们在青铜器的铭文中，可以看到"天"这个字是怎么替代"帝"这个字的，意思是说，"天"的概念替代了"上帝"的概念，"礼"这个词就失去了本来的宗教性，变成了纯粹礼仪的"礼"。在《论语》中有这样一句话："殷人尊神，周人尊礼"，这句话很重要。在别的文化里，我们恐怕看不到这种原来宗教性的东西转变成"礼"的记载，但在中国历史文献中就有。一般认为，"礼"不是很重要的东西，"礼"是表面上的，不可能很重要。但我认为，情况正好相反。正因为"礼"是表面的，空白的，简单的，这样就可以用这种简单的办法，简单地、慢慢地，把人们的表面态度变成好人的态度，这是很有意思的。当然这种社会效果不一定容易得到，这个以后再说。

礼治的仪式具有保护作用。它不但有宗教作用，也有社会作用。负责祭祀的人，他对宗教的态度，在社会影响方面，也非常重要。礼仪的意义也因为要保护其社会性的功能而变得十分重要。殷末周初产生如此变化，这就既保护了礼，也使之扩大了社会影响，因而它本身就具有社会性的功能。儒家思想就是用社会性的功能，帮助所有社会成员，而不是仅仅用宗教集会的方式发挥作用。所有社会活动都可以通过礼仪的功能来实现，因此不但有吉礼、凶礼，还有军礼、宾礼和嘉礼。只是当时只有贵族的东西，不大记录贵族以外的底层民众。

礼治的一个重要内涵是祖先崇拜和家庭观念。礼治思想的内核是，社会上最重要的关系是亲属关系，在中国，尤其是周朝，亲属关系是很受重视的，从宗法制度到祖先礼拜都贯穿着这个思想。在这方面，我不太同意一些西方汉学家的说法。我很喜欢看葛兰特（Marcel Granet，1884～1940）的书，但他受法国社会学的影响，认为中国家庭的重要特点是婚姻。结婚就是交换女性，是社会中最重要的活动。但我认为，在中国社会里，最重要的活动是祖先崇拜，它是亲属关系的核心，可以使家庭的关系更为巩固。中国强调亲属关系的特点有三：

第一个特点是家庭至上。礼治之所以能够很简单地渗透到家庭中，就是因为祖先祭祀不需要专门的神职人员，管理祭祀的人就是宗子——家庭成员。这种无宗教性活动是容易在家庭里举行的。家庭是最重要的。家庭是整个社会的生产者。没有家庭，就没有社会。

第二个特点是阴阳平衡。父母关系等同于阴阳关系。

第三个特点是遵守自然秩序。亲属情感是绝对自然的，我反复讲的父子、母子关系完全都是自然关系。儒家的礼治强调，遵守这种自然的关系是一种"德"。父母与子女的关系都能得到自然而然的发展，都能做到相互尊重，这就是德治。

这三个特点不是中国独有的，但中国文化思想特别注重研究这方面的东西。《易经》的第三十七卦，就在讲家庭。《论语》记载了孔子说的很多话，但我认为，孔子的观点，有一部分是从《易经》得到的，不是他自己的。他经常使用《易经》，这说明这本书对他来说是最重要的书。对于"家"的字源，我也喜欢用中国文化的道理来介绍。"家"这个字，被解释为是屋顶下的猪，为什么会有猪字？从前我也不大明白，现在已有材料证明，猪是用来祭祀的，所以"家"的古字，表现出中国古代家庭中最重要的活动是祭祀。我从前看过一位传教士写的关于中国的书，他认为，通过"家"这个字，能看出中国文化的不太好的方面，就是一个家庭最看重的，不是孩子，而是猪，这是一种明显的误解。

　　有的祭祖文化特别注重家庭主义，看不到家庭以外的人。但在中国，情况是完全相反的，中国文化是以家庭关系作为所有社会关系模型的文化，这种文化用自己的感觉安排别的关系；以家庭成员的情感与相互尊重，外推到所有社会成员的相互尊重关系。这种文化用父子关系，解释古代的君臣关系和师生关系等。中国古代社会的官员，都认为自己是百姓的父母官，换句话说，他们就是以外推家庭关系安排各级政府的行政管理关系的。中国文化提倡把四海之内的人们都当作好兄弟一样对待，其著名成语是："四海之内皆兄弟"。《说苑》认为，"仁"有两种，一种是小仁，一种是大仁。小仁，在家庭以内的父子、夫妇、兄弟关系中传播；大仁，在家庭外的社会关系中传播。我认为，"仁"是中国礼治中最有意思的概念，与基督教中的"爱人"大为不同。我在前面说过，基督教中"爱人"指人人都一样，但在中国文化中，人际关系是分层的关系，对待家庭中父母兄弟要有更亲近的态度。基督教"爱"的概念太空泛了,中国的"仁"不是空的,里面充满了自然的温情。

中国"礼治"概念的传承,有中国思想的形式性逻辑的影响。仪礼的形式结构,是以宇宙事物的结构形式为基础的。我刚才讲到的父母关系是阴阳关系,宇宙事物的结构就不仅包含阴阳关系,还包括五行关系,这在《易经》中有很多例子。仪礼的道理是宇宙性的。所以执行礼治,不但包括恪守好的行为,也包括遵守天命的宇宙运行和相互感应的规则。"感应"也是非常重要的概念,中国思想不大主张因果性,但重视感应的道理。遵守礼治的圣人行为被认为能引发宇宙的平稳运行,不发生灾难。相反,非礼行为会造成各种灾难,甚至惹怒上苍,引发革命。革命就是一个王朝被另一个王朝推翻。

礼治的理想范畴有大康、小康的概念。中国古代的史学家,讲大康,讲小康,再讲周礼,在这些概念的运用上有一系列变化。起初，他们认为，有德君主，由于有感应的存在，不但可以安排好社会，而且整个宇宙都能感应到他的好处，他所管理的理想化的礼治社会是无国家的社会，连礼仪庆典都不需要，是大康社会。后来人们逐渐远离了道德，圣人要维护和谐社会，就必须通过制作礼法典制、设置礼官等途径，解决问题，这就到了礼治社会的小康时期。在小康社会之后，情况更糟了，不懂礼的人要被天子所驯服，就需要更复杂的行政机构。解释礼治的理想模型的经典是《周礼》。

理想化的国家礼治与我所说的关联性逻辑思维有关。根据《周礼》，执行礼治的形式化的社会是这样的：整个行政机构与全年360天相配，设置360个官职。高层管理机构与宇宙模型一样，设置天部、地部，春、夏、秋、冬各部，共六部。这种礼治的意思是，如果国家机构模仿宇宙模型的结构进行建构，保持与宇宙运行的和谐，国家就会慢慢变好，灾难就不会发生。

现在我给你们介绍西方的文化。在西方的文化
中也有礼、礼教等词汇，英文、法语中都有，这些
词汇实际来自罗马文化，在希腊文和罗马文中，都
有它的原词或词根。西方的"礼"的概念，指城市
中的有道之君。中国的"礼治"概念是针对全天下
而言的。西方是不看天下看城市的。西方与中国有
哪些差别？中国对这类概念有很多的研究，并逐步
地发展。西方没有多少研究，从前认为这类概念不
重要。但到了十六、十七世纪，西方开始接受这类
概念。在十六世纪，一个很有名的学者写了一本书，
是关于男孩礼貌的，这是西方第一次有关于"礼"
的讨论。到了十八世纪，欧洲各国都开始重视礼仪。
在法国的凡尔赛宫，宫廷仪礼很像中国的礼仪。其
他如英国和德国的宫廷都有学习礼节的活动。有意
思的是，在中国，历史上说周公制礼，周礼是从周
朝开始有的。为什么是周朝尊礼？因为周朝取代了

暴虐的殷朝政府，所以有这样的变化。欧洲十七世纪也是这样，因为要改革中古时期的陈规陋习，开始制定复杂的礼仪。可是除了十七、十八世纪，西方的这种尊礼活动没有继续下去，因为没有被制度化。为什么没有制度化？因为西方已经有了另外一种制度可以用来安排社会关系，建立社会秩序，这就是权力制度。

西方有些汉学家把中国的礼治对应西方的礼仪，我不大同意。我从前也有过这样的想法，但后来我改变了。为什么我现在不再有这样的想法？因为从我个人的研究看，这是两种不同的文化系统，不能直接去对应。

西方的文化与神学传统密切相关，神学传统中非常重要的概念是创造。在西方，创造的概念用在很多地方。在《圣经》中，人类来自上帝的创造，所以人类跟上帝有一样的功能，人类也有自己的创造力。在西方文学中，最有价值的活动是作者可以创造他的文章，在中国就不是这样。中国文学最重要的活动是作家或诗人跟自然融合在一起，而不是创造。在建立制度方面，为什么西方有制度？因为个人可以自己创造自己的关系，社会是以个人开始的。在中国，社会开始于家庭，用家庭关系推及社会关系。在西方，社会开始于个人，个人拿什么来创造？使用什么工具创造？用契约。契约的最重要的原则是人际权利的平衡。如果把这个概念外推到整个社会关系，最重要的原则是各种权力的平衡。这样的观念也值得研究的。以契约的原则外推到制度社会，是我所谓的"权理"制度的形成。

现在我们来看中国的法律的内涵。在理想状态下，有礼不必有法，因为在礼治的管理中，所有努力都是在防止不好的事情的发生。有一句中国古话说："齐之以理，有耻且格"，所以有礼就不必有法。因为不必有法，所以贵族就不需要用法约束。庶人不懂礼，法就是面对庶人，就应该有法。所以《礼记》有句话说："礼不下庶人，刑不下大夫"。这些都讲的理想化的礼治。实际上，在《左传》中，就有不少的地方记载说，士大夫也是可以受法的惩罚的。为什么？如果礼治的权力不够了，就应该制定更强有力的制度，这种制度就是刑法。儒家不大同意用刑法，追求更理想化的太平盛世，但到了周朝末年，到了战国时代，诸侯混战，儒家也不管用了，所以有法家。法家认为礼不行，便俱废，要用刑。秦国是使用刑法的，秦朝也成为中国历史上第一个封建集权的王朝。但刑法不受欢迎，在汉朝被废黜。汉朝恢复了礼治，并扩大了礼治的推行范围。汉朝不但要求贵族学习礼仪，也要求全体庶人学习礼仪。他们承认礼治不能自然而然地保护社会，故提出在必要的时候也可以用刑法。自汉代起，直至19世纪末，乃至民国政府建立，中国都是有礼也有法。

中国有契约制，但契约制在私人范围内流行，中国政府官员并不太关注。为什么？因为礼治在贵族中有功能，贵族不劳动，不参加战争。如果贵族参加战争、从事劳动、做生意、做手工业，就需要特别的社会保护，需要规矩。在中国，在商业和手工业方面，都有西方常有的契约权利制度。这些活动不是古代官员管的，所以不大容易知道，从前的思想家也不大注意这些方面。实际上，有很多材料显示，中国的权利制度差不多发展到西方一样的水平。

现在我不要继续讨论这些问题了，我只是要给你们看看，我的研究怎样用中国材料，用整体观点来解释中国文化。我也做中西文化的比较，但我拒绝用西方的概念来解释中国文化。我的看法是，我所谈的都是中国人自己熟悉的问题，我只是从外国人的观点看中国文化，我也特别有兴趣对中国文化思想的特征进行研究。我要说，中国文化是非常有意思、非常有价值的文化。关于中国文化的未来，因为不是我自己文化，我不能说将来会怎样发展，将来怎样用那些传统文化的好处为人类贡献新知识，这应该是你们中国同学自己要研究和解决的。

第五章

中国儒学研究的复兴者汤一介 [①]

首先，请允许我向北京大学哲学系、北京大学儒学研究院表示感谢，感谢邀请我今天在第一届

① 本文原为作者于 2015 年 9 月在北京大学人文学院 1 号楼 108 会议室为"一介学术讲座"首届讲座所做的演讲稿。"一介学术讲座"是北京大学为纪念我国著名哲学家、北京大学儒学研究院创院院长、北京大学哲学社会科学资深教授、《儒藏》编纂与研究"重大专项总编纂汤一介先生创立的。讲座邀请国内外有代表性和影响力的人文学者就其所关心的学术文化问题发表演讲。作者深刻地阐释了汤先生的学术思想在创新和维护中国优秀文化传统中的历史价值，高度评价汤先生任总编纂《儒藏》丛书在世界现代汉学史上的重要地位，引起与会百余名中国学者的热烈反响。时任北京大学哲学系主任王博教授主持讲座，汤先生的夫人乐黛云教授致词。原文题目为《汤一介——21 世纪儒学研究的复兴者》，此文本次编入《汪德迈全集》，曾对题目和个别文字略作修改。

"一介学术讲座"作报告。我感到非常荣幸。

　　1. 我与汤一介和乐黛云夫妇相识在上世纪 80 年代，是通过我的朋友李中华认识的。李中华的夫人齐艳芬女士曾经是我埃克斯—普罗旺斯大学的学生，然后又是我巴黎七大的学生。此后，她在联合国教科文组织任职，联合国教科文组织的总部就在巴黎，在我家的附近，因此我们经常在巴黎碰面。当我有时暑假期间经过北京时，常常又正是她回北京度假的时候，我就去北京大学校园里她丈夫李中华的公寓拜访她，成了他家的常客。这样，我有机会通过李中华教授认识了汤一介先生。当时李中华是汤一介先生的助教。

　　我了解汤一介的父亲，著名的汤用彤先生，主要是了解汤用彤先生有关中国魏晋南北朝时代的佛教和道教的研究，但我并不认识汤一介先生本人。汤一介先生侧重儒学研究，这让我非常感兴趣。我

于 1979 年离开大学的教职，被任命为法国高等社会
学研究院儒学研究组的负责人，便全身心地投入到
儒学领域研究中去。基于这个缘故，我于 1980 年 9
月去曲阜参加了儒学国际讨论会，那次讨论会应该
是在文革以后第一次召开的关于儒学的讨论会。在
这同一年，我订阅了《孔子研究》月刊。同年在法
国创建了曲阜之友协会，我是该协会的创始人之一。
该协会两年一度，于夏季的曲阜，在当地政府的协
助下组织一次国际研讨会，我参加了历届研讨。每
一次均要经北京到曲阜，我就趁这个机会，在北京
停留二三天，去访问汤一介和乐黛云夫妇，一直受
到他们两位的热情接待，我们很有成效地交换意见、
探讨问题。

难以忘怀的是他们在北京大学的家。在那个很
简朴的屋子里，家具甚至磨得发亮，椅子凳子也许
是无数来访求教的学生们坐过的吧？谁曾想，这就
是中国最著名大学一个大教授的的家！普通的木制

书桌、沙发，旧的皮革椅子，简易的板凳……但是，在这样简单的屋子里却居住着具有无比丰厚精神财富的人，桌子后面升向天花板的书架，指引着我的视线：那堆积如山的书——他们夫妇自己的"四库全书"。

2. 在这些书中有一套新藏书，即《儒藏》。随着我两年一次的造访，我眼见着它增加厚度。这个艰巨庞大工程的指挥者，就是汤一介先生。他自己也承认，这个任务常常让他想到时出一身冷汗。在接受《现代教育报》的记者采访时，汤教授说过，这个他自己制定的出版计划可谓雄心勃勃，但绝不仅仅靠他个人的努力就能完成，需要各方人力和财力资源的支持。他深知其难度。是什么样的力量支撑着他，在75岁的高龄承担一个将需要20年工作的重要任务呢？这要何等的勇气！虽然汤一介未能参与至最后完成的阶段，但至少在生命的最后时刻，他看到了不远的未来：近百册《儒藏》的出版。一位老人领导了一支来自 30 多所大学的近 400 多名研究人员的队伍，这个研究项目涉及到 600 多部作品的研究范围，共计 1.5 亿字的研究成果，涵盖了近两千多年的历史，这一惊人的学术研究成果填补了学术界的空缺，这一不可思议的庞大出版计划令人惊叹！

3. 编纂《儒藏精华编》这一壮举，把汤一介推上 21 世纪中国儒学研究的领导人物的位置上，成为国家级新的儒学研究的核心人物。我希望看到的是，用新的观点去解释儒学，让人们了解孔学丰富的历史渊源，而摒弃容易让西方误解的东西。我在这里要谈的是在汤一介领导下的我的研究，我对于孔子——中国文化历史上最伟大的人物的研究。

4. 在西方，人们不大看得起孔子的学说，认为他只不过写了《论语》，而且把《论语》看作"三纲五常"等很平庸的伦理说教的课本，顶多把孔子当作中国的苏格拉底，只寻求真实的基础的真理，却见不到古希腊雅典人所聪明运用的辩证法。为什么这样一位普通的伦理学家，在中国历史上能成为如此重要的人物？西方人以西方视角，还把他看成是某个宗教的创始人，与释迦摩尼和耶稣一样被信仰者神化。

5. 我再回到《论语》上来，不用提醒说它非孔子所作，而是其弟子们对其言语的记录。儒家思想不是宗教，却是一种治国理念，即礼的规范机制（礼理的治理），而非如西方体制那样以权的规范机制（权理的治理）去管理国家。真正反映孔子思想的，乃是孔子所编著的五经，亡佚于秦始皇时代。汉代这些学术巨著得以重编，并被完好地保存下来。孔子这位曾经的编著者也因此成为中国古典文化的创始人，而非一个宗教创始人。我对这一观点作如下解释。

6. 孔子在他20岁时（公元前532年），在鲁国充任委吏一职，当时的中国文字只为行政文书，被殷代称为"史"官的上层社会行政官员所用。因为这一文字由当时实施占卜的"史"官们所造，为其占卜之需而创甲骨文，之后，运用的范围越来越广，超出了占卜的范畴，首先是为礼仪所用的青铜器铭文，然后是记录并存录的行政管理文件（要保存的公文）。这些活动都由曾参与占卜的"史"官们去加注并行文。作为占卜者的"史"官们，从其主要职能看，（从某种程度上说）就转变成文字处理的书吏了。他们在丝绸，木牍，竹简等上抄写文字，作为档案保存起来（抄写于作档案的丝绸或竹简上），当时这种广泛使用的文字只限于在行政管理层内部使用，除了用于行政管理之外没有人会想到运用这些官方礼仪仪式上所用的文字。这些官方用的丝绸或竹简文件，曾非常仔细地被作为档案归档，但与甲骨文和金文不同的是，由于丝绸的柔弱性和竹简的易腐性，孔子时代还存在的档案，后来全部消失了。但我们知道孔子时代还存在的档案，其中有关系到占卜的《连山》和《归藏》，也有关系到其他的国家重要事情的《三坟》和《五典》。这些档案都含有关于周朝孔子时代以前二十五个王朝的历史真实数据，研究它们，可以明白建朝者周文王、周武王、周公旦所创建的很有道理的政治制度，也可以明白东周时代以后那些政治制度何以遭到越来越多的反叛。孔子生活的时代，正处于周代思想和制度严重下滑的危机之中，这个变化的过程全部隐含在当时的档案记录里，孔子力图恢复曾经强盛的周朝，便特别重视这批资料。

7. 孔子 34 岁时（公元前 518 年），与陪同的学生南宫敬叔去周都洛邑阅览典籍式的文本文件（《史记》的索隐曾记载过此事）。他此行为何呢？因为当时孔子已经授课四年了，他感到自己的思想已趋于成熟，并越来越意识到他的职责是遵天命，更感到他有挽救濒于灭亡的周朝之使命。因此，为恢复周朝政治制度，孔子开始整理、编修他所收集的大量档案，细究因制度"礼崩乐坏"、导致王朝衰落的原因。

8. 实际上，孔子阅览、修订并编录文档这个庞大工作，就是完成他一生抱负的成果。而这个成果不可能作为私人书写的作品，任何一种这类书写都不被允许，而留下来的文字只是那些为国家撰写报告的书吏们所抄写的文字，所以，孔子把国家的档案材料加以修订，用"微言大义"的方式仔细修改，同时隐约地注入了自己的观点（这就是孔子自谓的"述而不作"）。这种诠释修订著作的方式一直延续到大师生命结束之时，到完成五经第一部的主干部分以前，传至他的学生一代。在此过程中，孔子担当了极大的风险，三个齐国的史官为了写就官方的齐国春秋的年鉴，相继在公元前 521 年时，被齐庄公麾下的大夫崔杼所杀害，这就是著名的崔杼弑君斩史官的故事。公元前五百年，崔杼竟敢越权，分别下令杀害史官，以逼他们更修档案。孔子先后任司空和司寇，他何以决定自己去更正国家档案呢？因

为他奉天命替天子行事。因此儒学家认为，孔子修
《春秋》是代王者立法，有王者之道，而无王者之
位。然而，在汉代时，孔子确实有"素王"（这就是
说"无冕之王"）的称呼（王充《论衡·定贤》："孔
子不王，素王业在于春秋"）。这里，唯有《春秋》
可视为五经的转喻，在五经中《春秋》是最具儒家
素王之概念的。

9. 其实孔子自己修订国家档案，自认为他是奉
天命，恢复周礼，可是儒家之外的士大夫却认为他
的所作所为是一种非常厉害的夺权行为。这场非礼
的行为没有人敢效仿。还有另一个举动同样大胆，
这就是他的弟子们对《论语》的撰写。《论语》实际
上只是孔子与弟子之间对话的集成，是最亲近大师
的一群弟子们所录。弟子们认为这就是在做官方档
案，因为他们认为，孔子是"素王"，虽然没有左史
记其言（请参看《礼记·玉藻》："言则左史书之，
动则右史书之"），《论语》后来成为国家经典档案，

即《经》书之一。

当时新兴的儒学刚刚冒头，对之充满争论，包括一些对现实不满的人，他们也试图按照《论语》的模本复制去辩驳，但他们只把它作为一个普通作者写的著作，并未当做一部《经》，认为它仅仅是私人书写的作品。实际在古代，从此时才开始出现私人书写的文章。孟子告诉我们，第一个挑战来自于春秋战国时期的"杨朱"与"墨子"之争（见《孟子》6.9）。杨子与墨子各陈己见，杨朱的追随者热衷于与墨翟的门徒论战，参与辩论，并效仿孔子的弟子，也著了一部书，即与他们的师傅之间的争论，即他们的《经》，这就是《庄子·天下》篇里"百家争鸣"的章节。从这第一部书发展到其他流派的著作，这就构成了最早的带有私人思想倾向的著作，形成了中国文学的内在核心，它在汉朝以后孕育和发展了含散文与诗体的中国文学。

10. 最初来源于私有文字需求的文言文，由于孔子的夺权的作用，超越了史官和占卜者的功能，使之成为诸子的思维工具，使中国文学从一开始就拥有了他国文学无法比拟的地位。正如《文心雕龙》中所道："文之为德也大矣，与天地并生者何哉……此盖道之文也。"而在西方世界却无法与之相比，在那里文学的来源只是把民间故事用表音文字记录下来。中国文学所站的中国文化上非常高的地位，在中国政治体制内为科举考试体系来体现。然则，与其说古代中国是官僚性的国家，不如说它是文言文性质的国家。另外，中国文化最初的私人文学作品就是孔子所修编的经书，因此，经书成为中国文学的基础。《文心雕龙》说："宗经，三极彝顺，其书曰经"。

经书之首就是《易经》，它在中国的地位相当于西方文化里的《圣经》。据说当年孔子读《易经》这部书时，三次翻断了系竹简的皮绳，可见这部书是圣人深奥哲理之宝。所以汤一介先生研究中国先秦重视易经《系辞》的阐释学。汤一介先生以为，类似西洋文化的阐释学基础在于《圣经》的注释一样，中国先秦的阐释学基础在经书的经传，这是汤一介先生的非常重要的思辨。而且他以为，三种不同的中国经传，即易经《系辞》，春秋《三传》，与韩非子《解老》和《喻老》，其中最重要的是"系辞"。

汤一介先生的这一观点，我十分同意。而且，从纵向的角度广而言之，我以为汤一介先生编纂《儒藏》的伟大工作很像孔子对五经的编修。当今大部分史学家认为，孔子是一个完全的反动派，因为他要恢复周朝初期的政治制度。我绝不同意。实际上相反，孔子修编五经，开了编修个人文章之路，开中国文学的路。这一方面，他是革命家（即"素王"），其非常有革命性的贡献，就是使中国文字开始民主化的第一步。然而我认为，汤一介先生编纂《儒藏》，同样旨在为当今中国的思想拓开一条新路，这就是，不但模仿西洋的现代化，而要在中国本地文化的基础上开辟中国本地现代化的新路。

　　终于，我很高兴有今天这样的隆重机会，向汤一介先生诸位同事，诸位学生表示我心中对汤先生的敬意。我最敬重他，原因就是因为他专心致力于他的汉学和中国文化研究。我 1928 年出生，从阴历上讲，生在那年的正月初，因此我其实跟汤一介先生同年，比他年轻仅仅 4 个月。他对儒家思想有着深刻的分析与理解力，他是我的榜样，我希望能向他学习。

第六章

所谓亚细亚生产方式与古代中国社会生产真正的特殊性①

大家好！今天的讲座，围绕唯物史观，讨论一些基本问题，侧重阐释中西社会制度的差异，主要介绍我对中国古代社会生产方式的研究意见，顺便谈谈文化研究方法的必要性。

---

① 本部分书稿是作者于 2017 年 9 月 2 日在北京师范大学为第三届跨文化学研究生国际课程班授课的中文讲稿。授课地点：北京师范大学新图书馆三层学术报告厅。录音转录文字：北师大跨文化研究院办公室吕红峰。全文整理：董晓萍。

一、所谓亚细亚生产方式

唯物主义的历史

生产方式导致社会模式

欧洲历史上的社会模式的进化路线：

原始公社—奴隶制度—封建制度—

资本主义制度—共产主义制度

问题在于欧洲社会模式进化路线并不适用于

亚细亚国家的社会模式

按照唯物主义历史观，生产方式导向社会模式。生产方式是关键，生产方式变了，社会模式也会随之变化。马克思和恩格斯使用唯物史观分析，分析欧洲资料，提出欧洲社会模式的进化路线：开始是原始公社，再到奴隶制度，再到封建制度，再到资本主义制度，最后到共产主义制度。但是，在对亚洲国家的社会模式变化分析上，并不适合使用欧洲社会的进化模式。

马克思曾经提出，欧洲社会模式不适于分析印度社会史。马克思对于古代中国史没有做多少研究，也就没有提到中国。最早用欧洲社会模型分析中国古代史的，大概是郭沫若。郭沫若是了不起的思想家，他对中国的古文字学的研究，如甲骨文和金文的研究，都是有成就的。但也有的地方需要讨论。1928年，他出版了《中国古代社会研究》一书。[①]在该书中，他运用马克思和恩格斯的唯物史观，并补充使用中国的甲骨卜辞、金文、《诗经》《尚书》《易经》的资料，研究古代中国的社会制度。这本书引起了很多讨论。一些学者不大同意他对中国做奴隶制度、封建制度等的划分，也不大同意他认为中国

① 郭沫若：《中国古代社会研究》，上海：群益出版社，1947。重印本，北京：商务印书馆，2018。

开始于奴隶社会的观点。我的看法是，中国的封建社会大概在周朝已经开始，比欧洲封建制度的建立要早 1500 年。套用欧洲社会模式解释中国古代史，很难说明中国古代社会模式。还有一点很奇怪：为什么中国没有发展资本主义制度，而只有所谓资本主义的萌芽，这也是与欧洲社会模式不一样的地方，也不能用欧洲模式解释。用欧洲社会模式研究非欧洲社会，在很多方面都会有问题。

二、魏特夫的水利社会

魏特夫（Karl Wittfogel）的水利帝国（水力专制统治）（hydraulic despotism）

控制重要的大河（尼罗河、黄河）的水资源，政府不能不使用集权权力。

埃及的法老政治制度和中国的皇帝政治制度很不一样。

20世纪还有一位思想家叫魏特夫（Karl Wittfogel），开始解释为什么亚细亚的国家没有走像欧洲一样的发展路线。他提出，在埃及和中国，要控制重要的大河（尼罗河、黄河）的水资源，政府就不能不使用中央集权的专制统治。这是个很有意思的观点。控制水利，这就是亚细亚的特殊生产方式，这种生产方式与欧洲生产方式不同。古代中国确实要应对很大的河流，这些河流都是不容易控制的大型水资源。中国古代政府要发展农业，就要控制大河的水资源。魏特夫还研究了另外一种社会模型，即埃及古代社会。他认为，埃及的尼罗河也是大型河流，所以古代埃及政府不能不去发展集权，乃至形成强大的帝国。他认为，中国与埃及两个国家在这个问题上有共性，中国要控制黄河，埃及要控制尼罗河。这个结论很值得注意，但我不太同意他的观点。实际上，中国古代的皇权制度，与埃及古代的法老制度，两者完全不一样。两个国家面临的大河控制、治理与利用问题是一样的，但是两个社会的发展模式不一样。我认为，问题出在他不太注意文化、意识形态这部分的内容。意识形态很重要，如果唯物主义历史观不考察意识形态，只考察生产方式，仅凭这种唯物主义就没有办法明白历史。

三、古代中国生产方式中的基本社会关系

或劳心，或劳力；

劳心者治人，劳力者治于人；

治于人者食人，治人者食于人，

天下之通义也。

《孟子·滕文公·章句上》

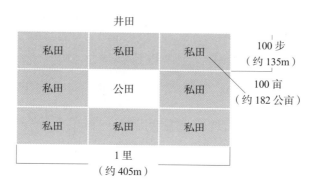

怎样看中国古代社会的生产关系？孟子有个很有意思的讲法，他说，无论什么社会，都有两种人以两种方式参加生产，即劳心者与劳力者，以及两者各自组成的生产关系。孟子在《孟子·滕文公·章句上》中说："或劳心，或劳力；劳心者治人，劳力者治于人；治于人者食人，治人者食于人，天下之通义也"。[①] 西方学者也许不大在意这句话，但这句话很有名，而且是有唯物主义的因素的。用它解释欧洲社会模式中的生产关系不行，但用来

----

① 杨伯峻：《孟子译注·滕文公章句上》，北京：中华书局，1960，第124页。

解释中国古代社会的生产关系是可以的，在这个问题上，孟子的说法就比魏特夫更合适。孟子还讲井田制，井田制反映了中国古代社会有代表性的生产关系。孟子假设说，实行井田制的农业生产模式是：一方田地，共 1000 亩，切割成 9 块，即井字型，分给 9 个家庭耕种，每个家庭耕种 100 亩，为私田；中间留下 100 亩，为公田，由 9 个家庭共同耕种。私田是各家各耕，收获自己的粮食。公田是合种，农民公益互助。

四、按礼治安排井田的好处

乡田同井，出入相友，守望相助。

疾病相扶持，则百姓亲睦。

方里而井，井九百亩，其中为公田。

八家皆私百亩，同养公田。

公事毕，然后敢治私事，所以别野人也。[1]

《孟子·滕文公·章句上》

中国古代政治制度执行"礼治"。孟子认为，按礼治安排井田农业生产，有很多好处，其中的一个好处是，"乡田同井"，生产合作，互助耕种，建立乡里友谊。孟子说，还有一个好处，就是众农户先耕井田中的公田，再耕公田之外的私田。这就是说，农户把私家之利放在社会利益之后。

五、井田——理想化的分田制度

上古时代中国的中原人口还少，

未开耕广大的土地。

---

[1] 杨伯峻：《孟子译注·滕文公章句上》，北京：中华书局，1960，第 119 页。

问题不在于每个人获得足够的土地，

而在于每个人尽可能耕种更多的土地。

用新石器时代的工具耕种，

一个家庭承种 100 亩，大概是最多的工作量，

但农民也会将自己置于被剥削的状态。

当然，这样的分田制度完全是理想化的。使用这种井田制安排中国古代社会的生产活动，不会有奴隶制度。上古时代，中国的中原地带人口还少，不大可能开垦广袤的田地。当时的问题也不在于怎样分给每户农民家庭足够的田地，而是怎样能够促使每户农民家庭开垦最多的土地。现代人的研究，如果不太注意这种理想化的分田制度的意义，就会在认识中国古代社会制度上产生偏差。实际上，这种理想化的处理土地的政策，就是封建制，而不可能是奴隶制。这不等于说，中国古代社会的农民生

活就比欧洲古代社会的农民生活要好。实际上，我们很难了解古代农民的日常生活。当时使用新石器时代的工具，由一个农户，开垦和耕种百亩田地，很可能是相当辛苦的工作。

六、不在于农民被剥削与否，而在于井田制属于何种社会生产模式

它绝对不可能是古代希腊罗马的社会生产模式，

它不可能是奴隶制。

奴隶制是奴隶主占有制，

奴隶是一种特殊的私有财产。

在战国以前，中国不存在这种私有财产。

古代中国社会的农民也可能遭受严酷的剥削，但在我们的研究目标上，剥削与否不是主要研究问题，而是要研究井田制的生产关系，是否是属于另外一种社会生产模式。我的意见是，无论如何，与古希腊罗马的社会生产模式相比，中国古代井田制的生产关系与古希腊罗马的奴隶制是不一样的。中国古代社会的性质也与古希腊罗马的社会性质完全不同。在古希腊罗马，奴隶制的含义很清楚，就是奴隶是奴隶主的私人占有物，像东西一样，连人类都不是，这就是奴隶制。古代中国不存在这样的制度。在战国以前，中国没有私有财产制，私有财产制是在后世社会发展起来的。

七、中国古代社会私有财产制的出现

私有财产的先导：商人的精神

逐渐破坏了礼仪制度。

周朝初年，商朝的遗民失去了土地，

流徙于各国之间，从事贩卖货物的活动。

（由此，为谋生而从事贸易的人称为商人）

他们不是周人，所以不遵循周人建立的礼制。

后来，商人发财了，就连有些周人都效仿他们。

私有财产制与礼仪制度是对立的。为什么周代社会没有私有制？因为有礼仪制度。殷朝没有礼仪制度，是从周朝开始的。周公设置新制，主要是礼仪制度。现在还能看到周代留下的青铜器，青铜器是礼器，周代青铜器制作精美，说明当时已经能够利用铜矿资料，还掌握了很高的制作技艺，这比起欧洲是领先的。在中国，私有制的先导，是商业活动。商业与礼仪不同，是另外一种社会运转形式。为什么叫"商业"？"商业"之名得于"商人"，这也是殷朝人的代称。周朝初年，商朝的遗民失去了原有的故乡，其故乡被周朝人占领了，于是他们就迁徙或流浪于各古代国家之间，从事贸易活动。殷人没有什么私有财产，但可以物物交换，借此谋生，逐渐形成商业习惯。做贸易的人为"商人"。商人从殷人而来，殷人的制度与周人的制度不同，所以殷人不遵守周人所建的礼治。但是商人取得了商贸的成功，有些商人发财了，于是就开始有周人学习商人的办法。

八、周人学商人的代表：管仲

商人的精神超出礼仪的精神。

管仲（约公元前 723 年～645 年）任齐桓公的国相。

他用商贸的道理改革齐国的行政。

用礼仪治理具体的人伦关系，商贸治理使用抽象的数字关系。

齐桓公七年（公元前 679 年）管仲让齐。

齐桓公以个人名义召集宋、陈、卫、郑四国在鄄会盟，从此齐桓公成为先秦诸侯国的霸主。

使用商人精神治理国家的周人是管仲，他是中国历史上很重要的人物。他大概是公元前七八世纪的人，出身贵族家庭，后来家庭变穷了，他要恢复家庭的繁荣，就学商人的办法做事。那时商人的精神开始超出礼仪的精神。管仲当上齐国的国相后，辅佐齐桓公，实行政治制度改革，他就用商贸的道理改革齐国的行政系统。在礼仪制度下，行政管理的特点是管理人伦关系。礼仪制教给人们，在社会上，对待别人是什么态度，对待家庭、长者、邻里等应该是什么态度，农民之间应该保持什么态度，怎样开展合作，如首先合耕公田，其次再耕私田等。

商贸的办法完全不同。商贸管理的特点是处理抽象的数字性关系。商业告诉人们，花多少钱买多少东西，收多少利润等，这是与礼仪的主张不一样的态度。在齐国，管仲用商贸的办法改革齐国的行政制度获得成功。齐桓公依靠新的制度，在公元前679年成为霸主。怎么成为霸主？齐桓公召集5个国家到齐国会盟，包括宋、陈、卫、郑4国，齐桓公被拥立为盟主，他就成了霸主。在当时，诸侯霸主是一个新称谓，与周公建立的礼仪制分道扬镳。

九、管仲开辟新路：霸主的路

不离王道，可以废井田。

影响所有诸侯国：鲁哀公十二年（公元前483年）开始实行田赋。

周王势力衰微，失去权威，无法控制诸侯。

出现孔子的儒家，接着涌现"百家"。

从管仲行政系统派生出的法家，在行政上更为激进：

"信赏必罚，以辅礼仪制"。（汉书艺文志）

新的霸主道路是管仲开辟的，后来其他诸侯国也学习这种做法。其实距王道不远，却废止了代表礼仪思想的井田制。这可能是私有财产制最早的萌芽。最晚分离的国家是鲁国，在公元前483年开始不太使用分田的办法。鲁国废止分田是在孔子生活的时代，农民私田作废，开始有田赋。农民耕其所有的田，但要交给国家田赋。诸侯霸主的出现，还造成周代势力的衰微，周公失去了权威，无法控制诸侯。再往后，孔子出来了。孔子决心恢复周朝初年的礼治，创立了儒家，以后才有诸子百家。从管仲行政系统产生出法家，法家使用管仲的行政办法，但更激进化，《汉书·艺文志》评价法家的特点是"信赏必罚",《商君书》说有两种办法整治国家,一方面用"赏",一方面用"刑"。"信赏必罚"很重要,《汉书·艺文志》说其"以辅礼制",我看不仅是"辅",而是代替。

十、商鞅和商鞅变法

流动策士的热泪：游士

魏国贵族中落的庶子,

因刑名之学而出名,

闻秦孝公下令求贤,乃遂西入秦。

运用管仲的行政术：向秦孝公"说以帝道"不行,

"说以王道"不行,

"说以霸道"其意欲用之矣。

　　现在谈商鞅变法。商鞅代表一种新的人物——游士。游士蜂起，是诸子百家时代的特点。百家时代不属于礼仪时代。游士是什么？他不太管自己的国家，有野心，想发财。他们沿袭了管仲的传统，无论哪个国家，只要可以助其发达，他就到这个国家。商鞅是魏国人，是魏国贵族的后代，是庶子，后来又家道落败，所以他在魏国的地位不高。但他念"刑名之学"，这是一种新学问，他因此出名。秦国听说魏国有这个人，秦孝公就下令求贤。商鞅听说有这样的诏令，就离开魏国到秦国。他用管仲的办法，建立新的行政系统。他告诉秦孝公用什么办法整治秦国，商鞅说"帝道"，"王道"，因其接近礼仪思想，秦孝公都不感兴趣。商鞅说"霸道"，怎样成为霸主时，秦孝公很感兴趣。

　　废除封建，建立中央集权。

　　废除分田，建立土地私有制。

买卖、田赋和俸禄替代公田，

废除世袭任官位，按军功授爵，

在战争中立军功与耕田成功的人

都被授予"名田"。

商鞅时代，中国开始有私有财产。商鞅变法的内容是，运用管仲的行政术，废除封建，建立中央集权。中央集权有两个重要特点：第一，废除分田。建立土地私有制，允许买卖所有土地，以田赋和俸禄替代公田。在战国以前，孟子讲到劳力者和劳心者，农民耕田向劳心者提供。商鞅变法后，农民不再给国家耕田，所有的田可以自耕，但要向国家缴纳田赋。第二，废除世袭官位制度。在礼仪制时代，所有贵族家庭都可以分封到官位。贵族有姓氏，人民是贵族的人，没有姓氏。商鞅改革后，按军功授爵，这在《商君书》里说得很清楚，例如，某人打仗杀敌，得到多少个人头，就能得到相应的特殊职位。战争有军功和耕田丰收的人，都可以得到"名田"。所谓"名田"，是私人的田地，战国时代已经可以有私有资产了，在此之前是不可能有的。

商鞅反对儒家。但汉代以后的情况发生了变化。《汉书》说法家"以辅礼制"就是汉朝的做法，为目录学著作《汉书·艺文志》所记载，实际上，在秦朝以前"以辅礼制"就是"替代"礼仪了。汉代把法家和儒家思想综合起来。我的看法是，像法家这么厉害的思想，后来没有了。中国传统文化思想的代表是儒家礼仪。我看孔子的重要影响在于，他把商代的宗教取消了，用礼仪替代了宗教、但是这个宗教和西方人说的宗教完全不一样，还是礼仪性的。

十一、要注意的重点

　　1. 废除世袭官位与废除井田的两种变化有互相关系，

　　反映劳心工作与劳力工作的互相关系，

　　2. 使得到名田的军功与使得到名田的农功也有同样的关系，

　　但劳力与劳心参加社会生产的两种方式，

　　通过商鞅变法，变成两种资本的基础：

　　物质的资本：基础于劳力的财产，

　　非物质的资本：基础于军功＝劳心的资产。

　　汉朝以后，科目的衔爵替代军功的君爵，成为劳心基础的财产，

　　即非物质的资本。

　　请注意两个重要的特点：一是废除世袭官位与废除井田的两种变化有互相关系，孟子说的"劳力"

和"劳心"也有同样的关系，二是得到名田的军功与得到名田的农功也有同样的关系。为什么要注意这两个特点？因为后世中国历史文化的特点是这样的：劳力与劳心这两种参加社会生产的方式，通过商鞅变法，变成两种资本的基础。物质的资本，基于劳力的财产，劳力的财产可以成为物质基础，这是商鞅变法后的变化。非物质的资本基于军功，军功等于劳心的资产。物质资产和孟子说的劳力者的工作有关系，非物质资产和孟子说的劳心者的工作有关系。汉朝以后，科目的衔爵替代军功的君爵，成为以劳心为基础的举察制度，即非物质的资本。这是我自己的看法。我认为，中国汉朝以后最重要的特点是儒士统治，儒士统治最早的起源，还是商鞅变法。虽然商鞅是反对儒家的，但他安排了一个特殊的制度，要求为建立军功的人提供重要职位，这样的社会制度是中国的特例，在西方完全没有。

十二、汉朝举察制

"马上能得天下，马上不能治天下"

高祖 11 年（公元前 196 年）建立：

郡国求得具有治国才能的人，推荐到京都皇
帝考查。

不再按军功选官，选拔有名望品行兼优的人。

汉朝时开始有举察制度，改变了商鞅建立的
军功制度。为什么不再用军功制度？汉高祖的名臣
（陆贾）告诉他一句很有名的话："马上可以得天下，
但马上不能治天下。"所以汉高祖开始用一种新办
法，任用最有才能的人帮助他治理国家，这就是所
谓的"举察制"。第一次举察是在公元前 196 年，即
高祖 11 年，汉高祖下诏，向各郡国求得具有治国才
能的人，推荐到京都让皇帝考察，看是否能帮皇帝
治国。"举"，自郡国；"察"，自皇帝。这是科举以

前的情况。请注意，这样的制度也是从商鞅变法而来的。有意思的是，商鞅反儒，但在另一方面，他也承袭了孔子建立的新文化——依靠文字安排所有的东西。这是很重要的。

十三、按儒家准则取士

汉武帝（董仲舒）以儒家思想作为国家的意识形态，

举察反映行政权力的儒家化。

科目衔爵如下：

孝廉

茂材

贤良方正

明经

等等

董仲舒是汉武帝的国相，汉朝按儒家的准则取士，出自他的改革。他是将儒家思想作为国家意识形态的人。从那时起，一直到 1911 年辛亥革命，儒家思想都是中国的国家思想意识形态。

汉朝实行举察制，反映了行政权力的儒家化，儒家化的内容，可以从举察的科目衔爵来看，很能反映问题，比如，有孝廉，孝廉是儒家最重要的道德品质；有茂材、贤良方正、明经，等等，都是儒家标准。明经，指孔子的六经，可以以此得到治理国家的人才。这和唯物主义历史学的观点有所不同。我觉得中国古代社会最重要的特点就是儒士统治主义，就是从孟子开始讲的"劳力"和"劳心"。儒士统治，是孟子所说的"劳心者治人，劳力者治于人"。这完全不是魏特夫所说的亚细亚生产方式。

十四、举察变成科举

隋朝炀帝 605 年首次考试进士的科目，
此后儒家和科举的关系越来越密切。
宋代出现书院。
元代科举停止 100 年以后再恢复。
明代八股文规矩，试题出自四书。
应试者必须按四书撰写文章。

汉朝以后，举察制度有很多变化。隋炀帝于公元 605 年首次提出考取进士的科目，一直到 20 世纪初，进士都是科举最高的功名，是延袭汉朝举察制的标准。以后儒家和科举的关系越来越密切，这期间的历史可以写很多书，我主要强调几处：宋朝时代开始有书院，书院也很重要，他们有助于儒士统治主义的发展。元朝时代开始停止了科举，元朝不信任汉人，只有蒙古人做统治者，但是慢慢地蒙古人被中国文化同化了，大概过了 100 年还是 200 年，元朝也恢复了科举。在我看来，科举是中国古代社会非常杰出的制度。最后明清时代有了八股文规矩，试题出自四书，儒家思想的影响更深刻，应试者必须按四书撰写文章。这也是西方和埃及都没有的。

十五、中国商业进化没有发展资本主义之原因

科举得到的官僚性的非物质的资本，

比较看不起物质的资本。

韦伯《新教伦理与资本主义精神》

中国的科举伦理与儒士政治道德精神

中国商业为什么没有进化发展为资本主义？这是因为中国人希望通过科举得到官僚性的非物质资

本，比较看不起物质资本。西方的资本主义制度当然完全是通过商业发展而来的，是商业的进步。中国为什么没有？因为在中国孟子已经说了，统治者是"劳心"的人，不是"劳力"的人，西方的资本主义从来都是"劳力"而不是"劳心"的，所以西方的影响到达中国，也只是中国资本主义的萌芽，当然这是 20 世纪以前的情况，20 世纪以来西方的影响是另一个问题，我下一次来讨论。你们记得韦伯（Max Weber）一本很有名的书《新教伦理与资本主义精神》，① 他认为西方资本主义和新教有关系。我同意他的观点，他批评了唯物主义的缺点，认为资本主义的精神是宗教，宗教完全不是唯物主义的。但他的另一个观点，说中国为什么没有资本主义，是因为中国的宗教不会产生资本主义，对此我是不同意的，因为不一定要通过宗教来实现资本主义。我

---

① ［德］马克斯·韦伯（Max Weber）：《新教伦理与资本主义精神》，康乐、简惠美译，桂林：广西师范大学出版社，2007。

看中国没有产生资本主义的原因，只是因为中国的
统治方式是"儒士统治主义"。

十六、20 世纪初科举已无法适应近代社会要求

科举 1905 年退出，

儒家不存在，

士大夫变成知识分子。

20 世纪初年，科举已无法适应近代社会要求，儒
家也不存在了。士大夫变成了知识分子，知识分子是
西方的定义，在中国也承袭了士大夫的一些特点。现
代中国的政治制度应该也是有历史基础、有传统的。
当然中国也受到西方资本主义影响，但西方资本主义
在中国慢慢地中国化，这种变化还没有完成，已经
有几个不同的阶段，应该还会继续有变化。

结语

人类的社会不是蜜蜂巢或者蚂蚁丘，其社会的形式进化并不是生理性的而是取决于意识形态的历史性的进化。

唯物主义是重要的理论成果，但不应绝对化，因为人类社会不是蜂巢或者蚁丘，不应只用唯物主义，也应该看看其他文化要素。人类社会模式的进化不是生理现象，而是取决于意识形态的历史性进步。

第七章

中国历史上两次文化革命与欧洲历史上两次宗教革命

上一章，我尝试说明，在社会模式方面，中国的社会模式与西方的社会模式相比，有什么不一样？为什么不一样？我们也不应该仅仅看生产方式这类要素，文化要素也很重要。这一章我要侧重讲解文化要素，主要是其中的非物质性的因素和宗教因素，它们怎样影响了两个不一样的文明。

一、中国文化的基础

胛骨 / 龟甲之占卜→占卜学→表意文字→文言

中国文化的心是"文"。

那些深刻影响中国历史的事件，一定关系到文字的变化。

中国的两次文化革命：

1. 孔子修订五经，发动私人起用原本官方专用文字的革命，并成为私人撰文编书的肇始。

2. 五四运动，发动废止文言文使用白话文的革命，并成为普遍推行白话书面语的肇始。

第一次文化革命，为中国文学的起源。

第二次文化革命，为中国文学的现代化

序幕。[①]

　　中国文化的基础是文字。我个人认为，中国文化的特点，就在于它的核心是文，不是宗教。在汉语中，文化和文明，都有"文"字。"文"在中国这么重要，这是为什么？因为中国的汉字十分特别。我的看法是，汉字的来源，是史前在中国已经产生的一种很特殊的占卜仪式，它逐渐进化为龟甲占卜。我写过一本书，阐释中国的文字和文言是怎么来的？如何起源于占卜，如何成为中国的理性思维的前奏。[②]没有文字，就不会有比较发达的文化。人类应该先有文字，后有文化。研究文化，应该先了解

――――――――――

[①]　整理者注：汪德迈先生在此有一个括号注，注文为：1966至1976年所谓"文化大革命"，实际上是破坏文化，不应该称之为"文化革命"。

[②]　［法］汪德迈（Léon Vandermeersch）：《中国思想的两种理性：占卜与表意》，［法］金丝燕译，北京：中国大百科全书出版社，2020，第157～158，197～199页。

文字，再了解文化。中国文字在中国文化史上占有非常特殊、非常重要的地位。中国历史上最重要的思想变化和社会变迁，都一定关系到文字。

我个人认为，在中国历史上，有两次重要的文化革命：一次是孔子时代的文化革命，一次是20世纪初五四运动的文化革命。你们对自己文化的了解，要比我多，你们可以不同意我的观点，但我要尝试向你们介绍我的研究意见。

在我看来，孔子使用书面文字编五经，这是一场非常重要的革命发动，由此开始，逐渐形成中国文化的思想核心与特殊形态。我也很看重五四运动，因为五四运动开启了中国的现代化进程，所以也是一场非常重要的文化革命。

我不赞成20世纪60至70年代的所谓"文化大革命"，那不是真正的文化革命，相反是破坏文化的行动。我不是说不能研究它，也可以研究，但是，如果观察影响到中国发展的重大历史活动，就应该集中研究这两次文化革命。

二、西方文化的基础

表音文字——通过口头传统和神话形成宗教

神的启示—《圣经》—神学

西方文化的核心是宗教。

欧洲历史上影响最深刻的变化是基督教的两次革命：

1. 公元313年罗马帝国皇帝康斯坦丁（Constantinus）成为基督教徒。

2. 公元1521年马丁·路德（Martin Luther）的新教改革。

西方文化的基础是宗教。西方其他大部分文化的基础也都是宗教。为什么是宗教？因为宗教是通过口语和神话发展而来的文化，是属于口语文化。

中国文化不是口语文化，是汉字文化，是文言文化。

西方的文字与中国的中文完全不一样。西方的文字是表音文字，它也对西方思想的影响非常深刻，但是表音文字与表意文字相差甚远。欧洲的文化也与中国文化完全不一样。

如果想知道在西方有哪些历史事件与中国的文化革命一样重要，我看是西方的两次宗教革命。

第一次宗教革命，发生于公元 4 世纪，标志是罗马帝国的皇帝康斯坦丁（Constantinus）成为基督教的信徒，以后整个欧洲都成为基督教王国。第二次是新教革命，发生于公元 14 世纪，由马丁·路德（Martin Luther）领导进行的一场革命。

这两次宗教革命塑造了欧洲的思想核心与文化形态。

三、中国的第一次文化革命

打破官方对于文字的垄断，引起先秦诸子的百家争鸣。

由孔子发动革命，经历两个阶段：

第一阶段：孔子意识到自己承天命而恢复王道，僭越王权、修订王道制度所基于的官方内部档案（"知我者其惟出春秋"）。

第二阶段：孔子的弟子编写《论语》（作为十三经之一经，以及诸子丛书之首）。

诸子百家

庄子："天下乱……譬如耳目鼻口，皆有所明，不能相通。"

我现在告诉你们，我是怎样分析孔子发动的文化革命的，也就是中国的第一次文化革命。

这场革命共经历了两个阶段。第一个阶段，孔子个人修订官修档案，他利用周代的官修档案编订五经。这些档案的性质、内容和编写制度都有周代王室的定制，原来并不允许私人插手。孔子的做法，改变了这个定制，在当时是被看作是僭越王权的行为。但他认为自己已知天命，需要这样做，他要恢复礼崩乐坏的王道。但这个阶段只是产生了官修文献编写方法的革命，由官修变成私修，并没有出现私人著作。

第二个阶段，出现了私人著作，即产生了由孔子门下弟子编写的《论语》。这种做法的意义是，使用原本只有官方可以使用的文字，进行个人言论的书写。这种书写的结果不是国家文献，而是私人书籍，《论语》就是一部私人书籍，私人文献。这个现象是前所未有的。孔子同时代的其他很多知识分子，也就是士大夫们，他们认为，既然有人用文字表达自己的意见，为什么自己就不用这个工具呢？因此从第二阶段开始，出现了儒家以外的其他诸家学说，而孔子创立的儒家得到了较大的发展。当然会有人批评儒家，但他们使用的是与儒家相同的文字工具，来表达自我意见，于是形成诸子百家。

第一次文化革命的价值在于，它改变了官方垄断文字的历史，引起了诸子百家的百花齐放，这是非常重要的，这就是中国文学的肇始标志。为什么会有这样一个变化？我在以前的讲课中提到过，语言有两种不同的功能，一种是交流，另一种是思维工具。在孔子之前，没有思维工具，只有日常交流用。思维工具是文字，但不是私用之物，是官方的专利。孔子为什么可以打破官方的垄断？我在上面谈过，因为他感到，自己需要担当天命，恢复王道。周朝在孔子生活的时代之前，在公元前 6 世纪，即西周末年，已经开始出现危机，周王的影响力越来越小。孔子要站出来，恢复周代的制度。他的驱动力，就是他说的天命。他认为，这是他被允许私修王道的基础。到了他生活的时代，周代的王道慢慢失效了，他是不能作壁上观的。他这样讲，也这样做了。据《孟子》记载，孔子自己说："知我者其惟出《春秋》。"（指孔子修订了《春秋》）当然不止《春秋》，还有《诗经》，等等，他个人不可能完成所有官修文献的修订，后来又由他的弟子继续下去，终于做完修订《五经》的工作。正是这项工程，为中国文化奠定了基础，这是很重要的。

孔子坚持恢复旧制，引起了混乱。明明周代礼仪制度已经衰微，唯独孔子要求按照传统官修典籍的规制，安排现实社会的政治和教育等。这当然引起不同意见，于是其他诸家也开始写书，议论天下。《庄子·天下》篇说得很清楚，天下乱了，"譬如耳目鼻口，皆有所明，不能相通"。这就是诸子蜂起后的现象。

四、法家继承孔子的文字私用化

秦国的法家。反儒家，又追随孔子恢复王道制度的计划。

养士，即起用使用文字的士大夫，"以法为经、以吏为师"。

秦国实行博士制度，涉及儒士（也发生了焚书坑儒的悲剧）。

汉朝：礼制和法制间的妥协。

帝国行政制度体现法家思想，

选官举察制度体现儒家思想。

用刑法补助礼仪的儒士主义的政治制度，

延伸至 1911 年。

先秦时期，儒家的对立面是法家。法家反对孔子的思想学说。但是，孔子的文化革命是一场真正的革命，所以法家虽然不赞成儒家，但也继承了这一革命的成果。法家所要恢复的，不是孔子心系的王道，而是另一种统治之道，即霸道。上次课我也讲到这一点。商鞅为秦孝公讲王道，对方不听。商鞅为秦孝公讲帝道，对方不听。商鞅为秦孝公讲霸道，对方欣然接受，表示愿意实施。霸道，与孔子理想中的王道计划，背道而驰。但是，尽管相反，当时的统治者还是都意识到养士的重要性。所谓养士，就是储备而起用认识文字的士大夫，不储备和使用不识字的门客。商鞅建立了"军功"，所选择行赏的军官也必须学习和懂得文字。秦始皇时设立了"学功"，只不过不是学礼仪，而是学法，"以法为经、以吏为师"。秦国还设立了博士制度，吸收儒士，但秦国的儒士开始批评法家，结果遭遇了一场悲剧——焚书坑儒。但这件事也还是让我们明白，秦国还是有儒士的。有的同学曾经问我，法家是不是割断了孔子的传统？我认为，不全是这样。法家一方面反对儒家，一方面又从其他角度继承它，所以孔子发动的是真正的革命。实际上，中国几乎所有研究孔子或儒家学说的学者，都同意这场革命至少是文字革命。

汉代独崇儒术，不喜法家。儒家思想虽然在先秦时期遭到法家的阻击，但在差不多半个世纪以后汉代，又恢复了元气。汉代还有法家思想的残留，有礼制与法制之间的妥协，但汉代是儒学成功的时代。汉代的选官，使用举察制，就体现了儒家思想。所以我在我的书中说，中国从汉朝时代一直到1911年的辛亥革命时期都是儒士统治主义的国家。在这个国家中，以儒士思想支配行政，即用刑法补充礼仪，这很重要，这是中国文化的一个重要特点。我认为，对中国社会模式的这种特点只从生产方式考察是不容易弄明白的。

五、《圣经》的形成

古代近东地区所有民族使用标记口语发音的文字（先是表词文字，再到表音文字）

圣经的《旧约》体现希伯来人的国家认同，使用希伯来文字撰写的经典，内容有：

神话

故事

诗歌

规范

在公元 3 世纪到 8 世纪之间被收集和编辑，犹太牧师修理其文本，使其传达前所未有的一神论宗教。

后来基督教增加四种福音书，形成《新约》。

现在我返回来讲西方文化。西方最重要的典籍是《圣经》。《圣经》是怎样形成的？《圣经》是希伯来人的经典。这就涉及到表音文字。在古代近东地区，所有民族都有标记口语发音的文字，即表词文字。先是在苏美尔，后来在埃及、腓尼基等古代地中海文化地区，都有这种表词文字。表词文字不标记某个音素或音位，而是标记某个句子里的某物。表词文字慢慢演变成表音文字。表音文字不是从一开始就有的，是先有表词文字，再有表音文字。也有人提出，表词文字是不是表意文字？不是。真正的表意文字只有中国才有。

在西方表音文字系统中，无论是怎样重要的文字，所表达的都是口语的意思。口语与文言完全是两码事。在中国，文言文拿掉了神话、传说、故事等口头传统的东西，将这些民间使用的内容加以排斥，所形成的文言，只有学问比较高的人才能使用。在我看来，在古代中国的占卜学，实际上是一种准科学。西方原来也有这样的准科学，但西方的神话传说逐步被宗教所吸收，成为宗教经典的内容。

我们来看《圣经》，主要看《旧约》。《新约》是晚出的，《旧约》很早，大概在公元 3 世纪至 8 世纪期间被搜集和编辑，里面吸收了很多地中海民俗中的神话、传说、故事和民歌，还吸收了习惯法一类的内容。这是希伯来人认同的《圣经》。后来，犹太教的牧师对《旧约》加以修订，使其成为一种很特别的宗教，即一神教的经典，希伯来以外的民族没有这个东西。

犹太牧师的工作似乎是孔子的工作。将孔子修订《五经》与犹太牧师修订《圣经》两相比较，虽然过程不一样，但也还是有可比较和可讨论的地方。

再后来，基督教在《旧约》中又增加了四种福音书，成为《新约》。不必多说，我只是讲一下大概的历史，不然我们花二三年或者十年，可能也说不完这个题目，这是个大题目，你们如果有兴趣，以后可以自己做研究。

六、罗马人对亚洲宗教的兴趣

东方民族的宗教开始进入希腊罗马，始于亚历山大的远征。

这次远征（公元 33 ～ 323 年）加强了希腊罗马与亚洲的关系。

罗马人对东方宗教发生了极大的兴趣，

他们感到自己的宗教，即罗马教，缺点太多：

仅仅涉及社会公共活动，教义内容粗浅。

相反，基督教在关于个人灵魂拯救方面的信条非常讲究。

另一方面，耶稣会士主张传教，尤其是塔尔苏斯的保罗（使徒圣保罗，St.Paul，公元 4 ～ 64 年）。

他出生于西利西亚区（位于现土耳其境

内），然而是咯马公民。

他揭示了基督教原为犹太教信仰的本色，

使基督教变成真正具有普遍性的宗教。

犹太人很不满意，因此圣保罗特别关注对非犹太人的传教。

现在看看罗马的情况。实际上，欧洲文化不是希伯来、犹太文化，而是希腊、罗马文化。

在罗马，发生了一个很有意思的变化，就是罗马人对亚洲宗教发生了很大的兴趣。这是因为亚历山大的远征（公元 33～323 年），使东方国家的宗教进入希腊、罗马的世界。另外，希腊军队很早进军印度，成立了所谓印度—希腊国家，这样就开启了希腊罗马与亚洲民族的交流史。

罗马为什么对东方宗教感兴趣呢？因为罗马人感到自己的宗教缺点太多了：罗马宗教的内容比较粗浅，仅仅覆盖社会公共活动，包括一些政治活动，也有乡下老百姓参加各种集体仪式的活动，但都比较简单。而中国的礼仪是非常讲究的。孔子创建儒家，尤其看重礼俗的繁文缛节，对每种仪式的规制、组织、过程、姿态和礼器等都有十分详尽的规定。儒家不承认殷商时代的宗教，用礼仪替代了宗教，儒家创造的中国礼仪是全社会性的，是相当讲究的。与之相比，罗马的宗教就很简单，于是罗马人向往东方亚洲的宗教。罗马人也认为犹太教和基督教的《圣经》不错。至公元二、三世纪之前，在罗马最出名的，还有一个亚洲宗教分支，叫密特拉教，这与犹太教没关系。后来基督教也在改革，我在前面说了，基督教比《旧约》的一神论宗教又有进步，这也引起罗马民族的兴趣。

耶稣教的传教士是主张传教的。有一个耶稣会的信徒叫圣保罗，出生于塔尔苏斯，我们都叫他"塔尔苏斯的保罗"。塔尔苏斯，现在位于土耳其，但圣保罗本人是罗马公民，罗马给了他较高的地位。

他非常聪明。他揭示出一个现象，即基督教在公元 1 世纪时原本是犹太教，耶稣原本是犹太人，基督教最初传教的时候具有犹太教的特点。在很长时期内，人们要成为基督教的信徒，就先要成为犹太教的信徒。圣保罗取消了这种规定，这就使基督教摆脱了局部性，变成具有普遍性的宗教，这是非常重要的宗教改革。

回来讲孔子。我认为，也可以将孔子与圣保罗比较。在中国哲学史上，很多学者将孔子与希腊的苏格拉底相比较，这当然是可以的。孔子的确和苏格拉底一样，都很有名气，也都喜欢教课。但我觉得这是表层的比较。我看最重要的是社会改革的作用：孔子把文字的使用规定加以改革，使其从少数士大夫使用的工具，变成全社会普遍使用的工具。圣保罗把基督教的传播规定加以改革，使其从少数人信奉的宗教，变成具有社会普遍信仰意义的宗教，我想此二人是可以比较的。

七、罗马帝国的基督化

皇帝康斯坦丁入教增加了教会的影响，也加强了教会的权力。

欧洲历史上，需要对教权与国权加以区别：

五世纪基督教思想家奥古斯丁区分"两种国"即"神国"（教会）和"俗国"（国家）

中世纪欧洲成为复杂的依靠封建制度的国家。

教皇的教权跻身于最强的几位君主的国权之列。

各国内部的主教们权力也很大，

因为他们控制教育。

西方第一次宗教革命的标志，是罗马皇帝康斯坦丁加入基督教，成为基督教徒。在此之前，西方宗教是普通人的宗教，不论在希腊、罗马，还是在波斯，都是比较平民的，当然也有复杂性。但是到了基督教阶段，这个宗教就变得精致化了。康斯坦丁是个有学问的人，他在公元4世纪初年成为罗马帝国的皇帝的时候，已经意识到，基督教影响很大，已在罗马社会深入人心。在他即位之前，迄至公元3世纪左右，罗马政府还是反对基督教的，政府担心基督教破坏罗马传统，所以一直在抵制，但是政府的管控没有奏效，还是有越来越多的罗马人成为基督教信徒。康斯坦丁当上皇帝后，自己加入了基督教，这样就改变了政府与教会对峙的局面。他也有他的政治目的，就是要借助基督教，利用教会的权力，扩大罗马帝国的影响。当然结果是让他的国家与教会两方面都得到发展：教会对康斯坦丁统治罗马帝国给予很多帮助，康斯坦丁也为教会发展教会权力提供了支持。我要说的是，这种变化，不仅是政权或教权本身的变化，实际上也是一场深刻的社会革命。但是，如果只研究生产方式，就看不出这些变化，看不到第一场宗教革命对西方整体社会的影响。

公元 5 世纪，康斯坦丁身后百年，另一位有名的基督教思想家圣奥古斯丁，对国家加以区分，分为两类：一类是"神国"，一类是"俗国"。这也成为欧洲国家的划分规则。"神国"，指教会，教皇拥有统治国家的权力；"俗国"，指国家，国王拥有统治国家的权力。与中国社会相比，这是很大的区别。我刚才说过，中国自汉朝以后，国家实行"儒士统治主义"，儒士群体是参政的，是辅助皇帝一起统治国家的，儒士与皇帝不是分开的。在欧洲国家，教士大体像中国的儒士，他们也能表达政治见解，但儒士是在国家之内，教士是在国家之外，这是很有意思的差别。到了中世纪，欧洲国家成为非常复杂的、依靠封建制的不同国家，在这种情况下，教会权力增强，乃至跻身于最强的国家君主之侧，教皇可能比欧洲任何国家的国王都有权力。当然教会与国家的两种权力是分别执行的，这也是欧洲社会的特点。

八、中古时代教会当局的权力非常大

教会有自己的权力系统，以教皇为首。

教会行使权力在自己的范围内：

信徒的精神性的活动，

思想的各种表现形式与教育。

它有自己的财富（什一税之收入，修道院的土地等等），

甚至它也参与封建制建设（诸侯主教）。

到中世纪时，教会的权力已经相当强大。教会拥有自己的势力范围，其范围由广大教徒的精神世界构成，所有教徒的心理活动和精神倾向都是教会支配的。教会也控制各种思想表达形式，包括戏曲、书籍等。教会还控制教育，大概一直到法国革命时，法国所有的大学和各种其他学校都是由教会控制的。

在思想和教育控制上，欧洲的教会与中国的儒

士也可以稍加比较。中国的儒士也可以掌握书院，控制教育，尤其是通过科举的途径，儒士还可以由此改变社会地位。还应该多说两句的是，教会不但有自己的势力范围，还有教会财富。这笔财富来自他们的收入，所有信徒每年要捐给教堂十分之一的收入，以供养教会。教会的修道院也有很多土地，所以在经济上非常富足。教会不但有精神影响，也有经济影响。经济的影响很大，甚至比精神影响还要大。

九、西方教会的衰落

教会征集过多的财产，

参与自身职能之外的封建制活动。

中世纪后期教会腐败引起危机，

危机引发教会的改革。

欧洲中世纪后期，教会过分敛征财产，导致腐败丛生。教会还在职能工作之外，大量参加封建制的活动，引起社会各阶层的不满。终于，教会危机爆发，引发了宗教改革。

我认为，中世纪的宗教改革是西方第二次革命。前面说过，第一次是康斯坦丁罗马帝国的革命，第二次就是这次中世纪后期的革命。

十、西方新教革命

马丁·路德（1483～1546）

对教会和封建势力共同打击。

教皇不是《圣经》的最后一个解释人，信

徒人人都可直接与上帝沟通，无需由神父作中介（人文主义）。

　　翻译《圣经》(德语《新约》于 1522 年出版，《旧约》于 1534 年出版)。

欧洲第二次宗教革命领袖是马丁·路德，他是 14 世纪的一个基督教修道士。他不赞成当时教会的各种腐败堕落行为，尽可能地尝试改进基督教。我无法在这么短的时间内解释马丁·路德所有的行为，我只讲其中的两三点。

　　第一，马丁·路德对教会势力和封建势力两者同时给予有力打击。他对欧洲文化的影响非常重要，也促成了欧洲封建制的消失。当然在他之后，欧洲封建制度延续到法国大革命，但他的贡献是关键性。

　　第二，马丁·路德质疑教皇的地位。他提出，教皇不会是《圣经》的最后解释人。而在此前，教皇对所有教会和广大信众有至高无上的权力。在基督教会中，大家都要承认，所有教义和教规的最终解释权都在教皇那里，例如，对《圣经》，特别是《新约》的理解，其中的内容是什么意思，教皇的话一言九鼎。路德批评这种认识，他提出，广大信徒人人都可以与上帝做直接的心灵沟通，都能自己了解《新约》或《旧约》中的上帝的神谕，无需由教皇做代表，也无需由神父做中介。在马丁·路德新教系统内，就不需要由神父做中介，这种改革，极大地推动了人文主义思想的发展。

第三，马丁·路德翻译《圣经》。马丁·路德是修道士，学问很高，掌握拉丁文。当时欧洲教会使用的语言只有拉丁文。但是他用德文翻译《圣经》，这样普通教徒都能看。在他没有翻译之前，只有懂拉丁文的修道士可以看《圣经》，在马丁·路德将《圣经》译成德文以后，《圣经》就普及了。他翻译的《新约》于1522年出版，因为在基督教里《新约》是最重要的。后来他又花了差不多10年或11年的

时间翻译《旧约》。《旧约》比较长，不容易翻译，
他终于完成了，《旧约》于 1534 年出版。

马丁·路德通过翻译对《圣经》的文字改革工
作，类似于孔子对《五经》的工作。

十一、同时的文艺复兴

奥斯曼帝国军队占领君士坦丁堡。

很多希腊学者逃走，

带着宝贵的希腊文手稿去威尼斯，

引发了文艺复兴运动。

我也应该介绍一个很重要的史实，就是在马
丁·路德宗教革命发生的同时，还有另一种文明的复
兴。这是另外一件事情，但应该将两者结合起来研究。

欧洲文艺复兴运动是怎样发生的？这与另一场

历史事件有关。所谓古代东罗马帝国的首都在君士坦丁堡，即现在的伊斯坦布尔。西罗马帝国的首都在罗马，但西罗马帝国大概在5世纪初就被中亚的匈奴人破坏了，西罗马消失了，但东罗马帝国还存在，所以古希腊、罗马的文化遗产都带到东罗马。但在阿拉伯王国出现后，东罗马成为阿拉伯王国的敌人，双方常常发生战争。1453年，奥斯曼帝国的土耳其人占领了君士坦丁堡，君士坦丁堡住着很多希腊人，因为与土耳其人的宗教信仰不同，他们就带着所有的文献逃走了，逃回了意大利。

这是一批古代希腊、罗马的文化遗产，就这样又回到了欧洲。携带它们的人都是有学问的人。从此欧洲人开始学希腊文。我刚才说过，以前基督教会都是使用拉丁语的，不用希腊文。希腊重要的哲学家，如亚里士多德、柏拉图等，并不被欧洲学者所了解，如果有零星了解，也是经过拉丁文辗转得知的。但是，从这次东罗马帝国的文献回归开始，欧洲启动了恢复希腊文和希腊文献的研究工作。从这个时期起，兴起了文艺复兴运动。

欧洲的文艺复兴运动与马丁·路德的第二次宗教革命同时发生，将两者加以整合，就成为后来的欧洲近代文化，这是非常重要的。

十二、宗教的战争

新教的快速发展引起传统基督教的反应，
相互对抗转为战争：
16 世纪欧洲发生 6 次宗教战争。

另一方面，新教的迅速发展，引起传统基督教的恐慌，双方发生了对抗，激发了宗教战争。在马丁·路德之后，在大约 1 个世纪的时间里，欧洲宗教战争频发。宗教战争史几乎成为 16 世纪欧洲历史的一个特点。

中国没有宗教战争。中国历史上也有各种各样的诸侯纷争和军阀混战等，但都不是宗教战争。欧洲的宗教战争非常厉害，并贯穿着整个 16 世纪。我刚才说过，马丁·路德不但打击教皇，也打击封建君主势力，所以大部分欧洲国家的统治者也不太愿意他们的国家里有新教传播。这个时期欧洲一共爆发了 6 次宗教战争，大部分是在法国。在法国，应该是到亨利四世成为国王，他出生于法国南部，贵族出身，由于家世背景成为法国的国王。他信奉新教，当时新教的教徒不会成为国王，于是亨利四世同意加入天主教。他从法国南部开始就与其他基督教军队作战。在占领巴黎后，他号召他的新教教徒，应该有一个和平过渡。他说了一句很有名的话，法文叫 "Paris vautbienunemesse"（巴黎值得一场弥撒），意思是 "巴黎这座城市也可以做一个礼拜了，我要参加礼拜，赢得巴黎，这已经是一件很简单的事"。

十三、启蒙

光明世纪

开始：英国光荣革命（1688～1689年），

结束：法国革命。

16世纪的宗教战争之后，到了17世纪，大家都看到，需要思想变革，于是掀起了一场新的运动，这就是启蒙主义运动。启蒙主义运动主要在18世纪进行，但在17世纪已经开始了。它产生的最初原因，是人们厌倦了宗教战争，也对宗教十分失望。启蒙运动的一个重要主张就是摆脱宗教。我在这里不可能解释启蒙运动的全部内容，但我要请你们记住，它的开始的时间是17世纪。最初是在英国，所谓"光荣革命"，这是欧洲近代的第一个革命，当然其重要性比不上法国大革命。很快启蒙运动就波及到欧洲所有国家。在英国和法国，不叫"启蒙"，叫"光明"或"光明时期"，在德国叫"Aufklärung"。英国的"光荣革命"经历中间过程后，以法国大革命的爆发为结束。在 19 世纪也有很多的发展，但那是另外一回事了。

在这场运动中出现了一批著名思想家，如英国的洛克（John Locke），法国的伏尔泰（Voltaire）和卢梭（Jean-Jacques Rousseau）。这是欧洲非常重要的运动，但也跟生产方式没有直接关系。不是说绝对没有关系，而是只从生产方式研究，无法认识这种社会模式。

十四、中国文化佛教化的趋向

后汉时，中国文化中出现一种宗教倾向：
从道家派生出来道教，
对于诸子百家思想是一种逆动。

佛教依靠道教进入中国，产生两个结果：

1. 在民间，出现白话书面语替代文言，

2. 在儒士阶层，出现中国化佛教的禅宗。

这不算革命，而只算作半革命，因为：

文言继续作思维的工具（白话书面语只是娱乐文学的工具）。

禅宗最终归于庄子主义的道家。

再回来谈中国文化，我在上面说过，汉代以后，中国文化的特点是礼仪和刑法合流，产生新的儒士主义制度，这种情况延续至 1911 年。当然不是说，在这期间中国文化没有变化。我说的是我个人的意见，你们可以不同意。我认为，最重要的革命是孔子发动的，但另外一种情况，不是革命，却是重要的变化，是由佛教引起的。

我认为，中国存在一种佛教化的中国文化趋向。

在这方面，我也可以与罗马时代做比较，罗马时代基督教化了，在中国当时也有类似的宗教化文化的趋向，可以叫"佛教化"。佛教化的端倪，是从后汉时代开始的。我刚才也说过，中国文化本来不是宗教文化，是"文"的文化。宗教不是没有，孔子把宗教改成了礼仪，替代了宗教。但后汉时代有一个不一样的运动，这个运动源自中国人跟罗马人民喜欢亚洲宗教一样，后汉时也有中国人喜欢道教。先前老子的《道德经》，庄子的道家学说等，此时变成了道教。为什么有这样的转变？大概对于普通人来说，诸子百家的思想太讲究了，玄秘艰涩，不能给他们的日常生活带来实际的帮助，他们需要宗教。

后汉时期，道教应运而生。有了道教，可以援佛入道。但这里有一个比较大的问题，我在这里提出来，谈谈我的看法。我看到的是，佛教进入中国的结果有二：第一，在民间，佛教用白话书面语替代文言。为什么？在中国，白话文学开始于唐朝时代，唐代有变文，变文是佛教徒给老百姓讲佛教故事用的体裁。寺庙的僧人们使用通俗易懂的白话，当然不会用文言。把佛经故事写在纸上，上图下文，他们再用白话讲。听众一面看图画，一面看图画下面的文字，一面听他们宣讲，很有兴趣。这种方法很快流行开来。在唐代之前，书面语都是不用白话的，只用文言。儒士做学问不需要写说话的白话，但僧侣为老百姓宣讲佛教思想就需要白话，这样就产生了一个重要的变化，即白话书面语代替文言传播，这是一种民俗上的结果。第二，在儒士中间发展出禅宗。佛教是外来的宗教，有学问的中国人把它变成中国的东西，它就完全中国化了。中国化佛教的代表，就是禅宗，禅宗是中国思想家创造出来的。我觉得这种变化很有意思，它保护了文言，也发展了中国自己的思想。为什么会有禅宗？我刚才说了，佛教是依靠中国已有诸子百家思想中派生出来的道教而带来的宗教。佛教用道教的文字传播。

所以，在中国，了解道家的学者，尤其是熟悉庄子的学者，他们就有另外一个想法，即把从印度来的佛教加以中国化，把佛教携带的外来概念加以重新解释，再渗透到中国人的思想或世界观中去。

但是，我不把这个变化看作是一场革命，它只不过是半个革命，为什么？因为，第一，它虽然使用了白话书面语，但文言还是主要的思辨工具，白话书面语基本是娱乐文学的工具，如话本小说等，也有人说，话本是女性喜欢的读本。但有学问的人还是使用文言，直到五四运动，文言文和白话文的位置发生了颠倒，白话文占据支配地位，而文言文被废止。所以，我认为，五四运动是真正的革命，此前佛教引发的白话话本文体还不算是完全的革命，只是部分的革命。第二，禅宗完全是中国改造印度佛教的结果，它没有改造中国文化，相反是中国文化改造了佛教。禅宗大概是庄子派的道家。

十五、五四运动

是中国化的启蒙思想运动：

基本行为：废止文言，全面使用白话书面语。

问题：它受外国影响产生，对本国核心文化
缺乏担当，所以百年后没有产生可能的结果。

先例：既然能将外来佛教中国化，并产生禅宗，
按照这个先例，也应该将西方社会模型中国化。
但原有满意的中国化模型被其他文化所模仿
（中国禅宗被日本僧人引到日本，再日本化）。

五四运动是中国的启蒙思想运动，与欧洲的启
蒙思想运动相类似。欧洲的启蒙思想运动虽然发生在
三四百年之前，但在我看来，两者是同一性质的东西。

五四运动是一场真正的文化革命，不是半场革命，也不是假的革命。因为它的基本行为是不再使用文言，只提倡白话书面语。

五四运动之后，中国的新思想、新文化、新文学，也包括通俗娱乐文学，全部使用白话书面语撰写。这种白话文也使用中国文字，但受到西方的影响，在文字表达的概念和形式上都有变化，与文言文的表达相差很大。这是全新的气象，自不必多说。

问题在于，五四运动受外来思想的影响发生，这只是中国文化变革的一部分。实际上，自19世纪以来，尤其是在鸦片战争之后，中国受西方影响越来越深。19世纪至20世纪初，中国学术界和思想界众说纷纭，比庄子说的百家之乱更为复杂。

五四运动前后，仅从西方传来的人文社会科学学说中，就有两种影响，一种是马克思主义的、共产主义的影响；另一种是资本主义的影响。五四运动百年后，两种思想影响的全部结果，尚未完全呈现。

十六、马克思在 19 世纪的英国生活与工业革命问题

他发现社会生产方式与生产关系的重要性，

但没有结合启蒙思想运动去观察，

没有 17 ～ 18 世纪英国的经济思辨，就不会有工业革命。

马克思主义本身也成为启蒙思想运动的另一个结果。

19 世纪时，马克思在英国生活。英国是工业革命的故乡，工业革命对于英国的发展非常重要，对于整个世界的变化也很重要。马克思受到工业革命的影响，所以他发现了生产力、生产方式与生产关系之间的联系。这是一个非常重要的发现。但我们也应该记住，英国的工业革命是由 17、18 世纪启蒙

运动引发的结果，如果没有启蒙运动，英国就不会有工业革命，所以也可以说，马克思主义本身也是启蒙运动延伸发展的一个结果。

结语

中国应该用对待佛教的态度对待西方文化，也可以把西方的社会模型中国化，这可能是中国给 21世纪的人类带来的贡献。

向别国人民、别国文化介绍中国自己创造的文化形态和社会模型，不是容易的事。这里有一个条件：就是中国化的外来模型，如果是值得注意的，那么别的国家也会佩服。如果只是中国内部化的外来制造，就不会引起外界的兴趣，也可能中国人自己认为有意思，但不可能是对世界的文化贡献。如果要对人类文化做出贡献，就应该提供让别人感到值得注意的东西。

在现阶段，中国文化对外界来说值得注意的东西都是传统的东西，这是因为外国不了解中国文化。在外国，一直到现在，研究中国文化的人都比较少。中国人了解西方的文化很深入，相反，西方人了解中国文化的人很少，所以很可惜。少数具有中国特点的文化形式被外国人所喜欢和佩服，比如书法、文字或文学等，也有越来越多的翻译，让大家觉得值得去看，但终究太少。

现在中国经济发展很快，也许有人觉得不一定非要让外人了解不可。不过我仍然认为，需要创造中国化的东西给人类看，应该让世界了解中国。

第八章

研究中国"异托邦"的方法论原则 [①]

——答复法国汉学研究中的一个争论

　　去年以来，法国汉学研究多少受到一起争论的影响，这场争论涉及中国文化和欧洲文化之间的差异问题。自从欧洲思想家们开始对中国问题提出疑问时起，即从启蒙时期起，耶稣会传教士从远东向西方发回了众多的报道，于是中国的世界被介绍为一种相异性。在西方人眼中，这是一种人们能够想象的最为绝对的相异性。毫无疑问，一些所谓的原始民族与欧洲相异更大，但他们没有文字，其文化

---

　　① 本文原题目为《我之汉学研究的方法论问题》，张新木译，原载《跨文化对话》2008 年第 23 期，第 209 ～ 214 页。

就缺少可比较的文化深度；而中国拥有数千年历史的文字传承，其文化的发展就与西方形成深不可测的差异。最近又有一篇批评文章对这种差异作了否定，以便在这种否定的基础上，构建一种总体的批评，对弗朗索瓦·于连（Francois Jullien）的整体著作提出批评，而于连的著作主张，应该从中国异托邦的角度出发，重新审视中国思想，也就是说，将中国看作这样一个地方：在那里，其思想方法与西方的思想方法绝对不同。[①] 这篇文章的作者从相反的观点提出异议，后来又有数位参与者附和争论，认为，既然人类确确实实在哪里都一样，那么在一种文化和另一种文化之间就不可能有异托邦现象，而

[①]　这篇批评文章出自让·弗朗索瓦·比伊特《驳弗朗索瓦·于连》，巴黎：阿里亚出版社，2006。"异托邦"的概念是米歇尔·福柯（Michel Foucault）在 1967 年的一次题为《其他的空间》的讲座中提出来的。福柯在探讨乌托邦概念的模式时，使用"异托邦"一词，特指绝对相异性的空间（正如乌托邦特指绝对理想性的空间一样）。——原书注。

西方人眼中的中国的相异性，不过是启蒙时期哲学家人为制造的一个神话，以便满足其事业的需要。他们认为，在这个前提下，要认识中国文化，不应该从寻找中国文化的思想特色出发，而应该从中西共同的文化背景出发，即突出中国思想家和西方思想家共同拥有的文化背景，因为中国人和西方人都是人。然后在共同背景的基础上，凸现出这两种文化各自的特色。

这种从所有文化的共同点出发去理解文化的方法，完全出于一种错误的推理。所有文化能够具有的共同点，其实也正是造成问题的地方。从一种文化到另一种文化，首先引人注目的和引起疑问的东西，那就是对比；只有通过对比，提出疑问，才能让人们用分析的方法去追溯共同的文化背景，并从这个共同背景出发，解释产生差异的起源。当然，先决条件是所提出的问题应该建立在准确的层面上。显而易见，中国人和西方人一样，都有两只胳膊两条腿；也像西方人一样，需要吃饭和睡觉；他们也有生有死，但这丝毫无助于认识中国。从人类学层面上进一步看，我们能看到，所有的人种，在所有的地方，都经历着类似的经验，但这也帮不了什么忙。我们需要理解的是，这些人种以不同的方法建设着各自的经验。我们的研究只有建立在这种层面上，才是比较可靠的做法，才能从事各种异托邦的对比。我们所质疑的批评文章的作者其实也看到了这一点，他也提出，庄子并没有将其哲学建立在渊博的抽象上，而是建立在人的普通经验上，不管他属于哪一个文化，他都能创造这种经验，如轻而易举地完成一种无以伦比的行为就是这种经验，这种活动通过一种精心控制的实践得以完成，如梁惠王时的庖丁解牛，或齐桓公时的轮扁斫轮。[1]但是，无论是西方人还是中国人，在每个人以同样的方式感

---

① 庄子:《庄子》，方勇译注，北京：中华书局，2010，第45页、第222页。

受事物之外，或者能够像行家里手那样轻松地骑自行车之外，^①重要的是考察庄子从中得出的哲学。这种哲学是中国特有的哲学。对西方人来说，它并不是自然而然的哲学，而是在精心控制的活动中所体现的轻松经验，庄子从中得出了理想的"真人"的典型。这种真人包含了生活的意义，即让生活像艺术那样，朝着事物自然的方向自行发展，让生活在融合的认同中通过任何存在的原则去升华自身的生存。^②正是在这个层面上，产生了庄子的人道主义，它与西方的人道主义形成鲜明的对比。西方的人道主义则相反，它在活动中尽量发挥人的创造性，在人的身上尽量强调人的个性。它要在蒙田（Michel

---

①　此为让·弗朗索瓦·比伊特自己所举的例子。见让·弗朗索瓦·比伊特《关于庄子之课程》，巴黎：阿里亚出版社，2002，第56页。

②　此为让·弗朗索瓦·比伊特向某种经验借鉴的哲学观点，他称之为"高级活动制度"的经验，但是谁也不相信这一点，即这种经验与产生西方思想的东西之间没有极大的差异。

Eyquem de Montaigne）和弗里茨·克莱斯勒（Fritz Kreisler）的思考中，①找到某个不寻常的笔触，发现与中国思想相去不远的地方。但这纯粹是一种智力游戏，并不能掩盖下列问题，例如，同一个"道"字，在庄子那里，既表示事物的运转，又表示真人之路，而在任何情况下都没有"神圣"的意思。但是，相比之下，在蒙田和克莱斯特那里，同一个字词的创造者，却同时应用于上帝和伟大事业的人类活动家，只是在任何情况下都没有"事物的运转"

① 参见让·弗朗索瓦·比伊特《关于庄子之课程》，巴黎：阿里亚出版社，2002，第56、62页。这部小巧的著作提供了一些很好的翻译课程，但作者对道教思想特性的肤浅认识没有多大的价值。他借口（一种幻觉）说，从道教中应该能找到这个点或那个点，能够找到准确翻译汉语的法语词汇。问题是法语词汇的多义性和庄子文章中的汉语多义性绝对不是一回事，而关于一对一的逐字逐句的翻译，法国读者可能会被这种多义的绝对差异弄得晕头转向。这就造成一种牵强附会的处理方法，即在翻译中保留一部分带有导向性的标识，将一些没有翻译的汉语词汇夹杂其中，又对这些词进行大量的注释，对"道"这个词的处理就是一个例子，结果读者不知所云。

之义。

就我个人而言，我越是希望理解中国思想的精髓，其特色就越是让我着迷，我就越是为中西文化对比的结果而感到惊异。但是我并不是从道教的方面，而是从儒学的方面，即在另一条线上，努力寻找中西文化差异的原因。道教的宗旨，是通过摆脱各种社会介入而实现真人的理想；儒学则相反，儒家关注入世，尽量调整社会秩序。在这方面，我似乎觉得，中西社会秩序的鲜明对比，除去其他因素外，主要应来自于建立社会规范的两种不同的机制：中国运用礼仪机制，西方运用法律机制。古代中国社会也存在法律，但只起辅助作用，这就好比礼仪制度在欧洲社会只起辅助作用一样。此外，在中国，法律的功能倾向于处于次要的位置，因为法律的编纂只以刑法的形式存在，从哲学角度看，这是一种最差的选择。分歧从哪里开始？造成中国文化朝着礼治的方向嬗变，而西方的文化朝着法治方

向演化呢？我所坚持的观点是，如果这个分歧是绝
对的，那就是因为中国的礼治文化出现得非常早，
在世界历史变迁的初期就发生了，这在其他原始宗
教的某些做法中也能多少找到例子。总之，我支持
这样的观点：在西方，宗教通过向法律注入尊崇神
性的约束力量缔造了法律；在中国，宗教被占卜仪
式拿走了许多实质性的内容，因而隐匿在礼仪的背
后。"法律"一词，在古希腊罗马时代，应该发源于
宗教，从拉丁语词源看，就明白地反映了这一点：
jus（法），其词源意义是 serment（誓言），指以最佳
的法律行为，指称宣誓者的行为，使宣誓者将自己
放在神权的控制之下。中国则相反，神权的神圣性
受到由占卜仪式所发现的事物的理性所排挤，失去
了其存在的理由，只留下宗教仪式这种最基础的形
式。中国的礼仪文化就产生于这种情况，而宗教仪
式后来也只以个人的形式流传下来，而且其超验的
维度也各有千秋。中国神权的丧失还远远超过宗教

领域，被推及到其他各种社会行为上，成为某种社会规约机制。这个机制已经失去了宗教信仰的动力。那么，它如何发挥作用呢？它通过另一个动力，即社会压力的动力，即汉语中的"面子"，进行运作。《淮南子》："民无廉耻，不可治也；非修礼义，廉耻不立。民不知礼义，法弗能正也；非崇善废丑，不向礼义"。刘安讲的就是这个意思。①

让我们回到占卜仪式发现事物的理性上来，我把它称为"占卜理性"。在我看来，中国思想和西方思想的分歧，最早就产生于此。它将事物理性和神学理性区分开来，而后者正是西方思想的杠杆；前者曾是中国文化的杠杆。重点在于"理性"，即构建认识发展的逻辑。在西方，它是通过神圣性法则解释世界的一种理性化的逻辑，是在发现科学法则的过程中逐渐吸收知识和发展认识的逻辑。在中国，

---

① ［汉］刘安：《淮南子》，郑州：中州古籍出版社，2010，第317页。

它是一种以同样的方式运转的逻辑，不过是通过从占卜仪式中总结出来的法则，通过在中国历史中无处不在的哲学思考，所归纳出来的逻辑。我们只要观察中国思想家在各社会历史时期对于《易经》的格外重视，就会明白这一点。

占卜之所以能在中国文化中占据重要的位置，是因为从史前起占卜就是追求完美的目标，追求完美又将占卜实践提升到近乎科学的程度。在殷代，龟卜的复杂技术已令人难以置信：龟甲的使用导致对占卜手段的细化，并展现了将世界微缩于片甲之上的想象（以乌龟的圆形背甲象征天空，以乌龟平坦的腹甲象征大地，以乌龟的寿命象征无限的生命等，这些都让乌龟成为整个宇宙时空的微缩模型），通过组合的凿钻小洞使占卜的缝隙（圻）标准化，再精细地将占卜的符号规范化，形成了一整套筮占仪式。我的确认为，与神话的历史相反，筮占不会先于龟占，它应该是从龟占中衍生出的精品。因为我似乎觉得，正是因为能够对龟甲上产生的占卜缝隙（圻）进行标准规范的处理，将占卜符号的类型压缩到六或七种经典的形式，人们才产生这样的想法，即要进行数字式的抽签，只需对这些符号进行编号，而不必通过火卜来产生这些符号，这样就形成一套模仿龟卜的原始占卜术，后来经过不断地改进，对数字占卜进一步系统化，终于形成《易经》中六十四卦组合。

古代中国在占卜方面取得惊人发展的原因，是因为中国是一个没有西方式的宗教职能人员的社会。殷商占卜仪式的主祭，其实就是国王自己。到了周代，才有在贵族宗族里发展的祭祖仪式，主持祭祖仪式的是族长，而不是专职的神父。这种祭奠仪式的主祭人都没有经过专门的祭司训练，只是借助占卜仪式，保证自己在规定日期执行年中行事。在大量殷代祀神铭文中，或者在考古发掘中获得并保存至今的铭文中，各种与祭祀仪式相关的文物是最为

丰富的。在古代中国，承担祭祀仪式的组织者角色
的是占卜者。在西方，这种角色由神父承担。中国
古代的占卜者不是对神的启示进行解释，而是精心
地记录数据，逐步建立对占卜结果的分析系统。这
种分析系统引导他们构建具有占卜理性的宇宙学，
而不是神学。运用占卜宇宙学所取得的最古老的
科学成就，就是在殷代末确定了回归年的时间长
度，即 365 天。当时还确立了定期祭祀的周期，即
第一年 30 旬，第二年 365 天，第三年 37 旬，周而
复始①。

　　文字应是占卜者的一种发明，对此，我认为毋
庸置疑，理由如下。许多陶器上的图案，石窟壁画
的装饰，都可追溯到中国的新石器时代。但学者们
看不到里面有没有文字符号，就无法断定这些图案
的性质，因为这些图案缺少书写文字的特征，而不

---

　　①　参见陈梦家：《殷墟卜辞综述》，北京：科学出版社，
1956，第 386 ～ 399 页。

仅仅是缺少图画的特征：这些符号还没有像语言符号那样互相结合。在占卜铭文之前，还没有任何语言的分节式范例。将符号结合成词汇这种想法是从哪里来的呢？我认为，这种想法来自于上述提到的规范化，即将占卜缝隙（圻）规范为用凿洞确定的经典形式，刻在占卜仪式中使用的龟甲上，即凿钻小洞，这是数字占卜的最复杂的形式。确实，这些形式（卜 卜 卜 卜 等）结合了精确的意义（例如：吉、大吉、小吉、不吉等），它们已经是一些准语言文字了，这让后人可以系统地创造其他的文字（有可能是从陶器上看到的图案中受到了启发），合成最初的图形话语，即占卜铭文（甲骨文）。

我还要补充下列几点看法：

1. 用这种方法发明的东西不是一种简单的文字，即表示话语的图形符号体系意义上的文字，而是一种文言语言，即互相结合成图形符号体系意义上的文字，正如有声话语的词汇所表示的那样，但其表示方式更为独立。即使这种图形语言必定与当时占卜者说的语言非常接近，或者与当时口头汉语很接近，也应该是这样。

2. 这种图形语言经历了大约 500 年左右的时间，只限于占卜者使用。这些占卜者逐渐变成了史录者。通过他们，文字根据六书的方法，得到了系统的改进；又通过占卜理性，变成理性化的表意文字。这种理性化的发展，又将中国的表意文字提升到更完善的层次，使人们觉得永远没有必要将其转换为拼音文字。这是与苏美尔文字和古埃及文字后来的发展完全不同的情况。

3. 为能在表意文字的基础上组合成一种更符合大众话语需要的文字，大约在唐代，这种文字的佛教使用者将纯图形语言的图形转换为用笔画书写的文字，并用书写的文字表达口语化的白话书面语。

当然，只有在文学这个发达文化的基石上，中国文化传统与西方文化传统之间的差异对比才能显现得极为深刻。在公元前的最后 500 年中，中国文学已从纯粹的史官卜者记录的资料和图形文字形式中解脱出来。不过，在得到佛教信徒对口头语言的嫁接以前，中国文学尚无西方的某些体裁，但中国文学继承了可以揭示事物理性的权力，一种与古老的、并能产生图形语言的占卜工具相关联的权力，陆机写道："伊兹文之为用，固众理之所因。恢万里而无阂，通亿载而为津"。① 在古代中国社会中，中国文人所拥有的地位和影响力是任何其他社会的知识分子所无法比拟的。不过他们作为书写语言的掌握者，只能通过文言进行表达，而不能使用口语表达。中国历史上没有雄辩家，中国古代都市没有集会广场，都与中国文化中缺乏口语民主性不无关系。与之相反的是，在中国，到处都可以看到汉语文字。可以说，中国的文人不是雄辩家，但他们大都是书

---

① ［晋］陆机：《文赋译注》，张怀瑾译注，北京：北京出版社，1984，第 48 页。

法家。可否设想，中国最初的民主胚芽，即非西方风格的民主，而是从"大字报"开始的呢？

在全球化的今天，谈论文化相异性是否还有意义？这个问题召唤着两个答案，即分开回答我称之为"忍受的文化"和"选择的文化"这两个问题。就"忍受的文化"而言，当代大众传媒使用最新的信息技术，以史无前例的威力，向全球传播文化，这种全球化正在处处消弭多元文化的相异性。说真的，这又有什么关系呢？因为"忍受的文化"只是由文化中最为粗俗的要素沉积而成的文化，它只有冲击力，没有其他任何的活力。它依靠商品化的文化人为地输送某种活力。真正的文化活力只能处于"选择的文化"层面上，即那些竭尽全力挣脱"忍受的文化"的人所创造的文化，这就是我说的"选择的文化"。在这种文化中，人们自己去寻根溯源，在文化生产中追求令他们感兴趣的东西。在这个层面上，全球化丝毫没有废除异托邦，它只是促使异托邦进一步内化，通过为每个人扩充手段，使他能够自行培养对其他文化的认识，并由此开始，发展和丰富人类的多元文化，这才是积极的全球化所具有的人道主义的意义。这种全球化在远东地区已经较为发达，在那里，西方文化中的任何东西都不被忽视，而在西方，中国化国家的文化继续被人们大量地忽视。仅举书法为例，中国文化将书法摆在艺术的第一位，我似乎觉得，在大量地吸收了中国艺术家的经验后，在中国艺术家也充分吸收西方抽象画的经验后，我们从中国创作里能发现许多新的形式。纵然这可能使中国文字的古典艺术分崩离析，但却丝毫没有使其艺术性被西化。我深信，异托邦的概念丝毫没有失去其确切性。

北京师范大学跨文化研究院近年汇聚了一批中外著名人文社会科学学者共建"跨文化学"。其中的外国学者们，应邀来到北京，与中国同行一道，为北京师范大学每年定期举办的跨文化学研究国际课程班讲学或参与相关重点项目研究。双方跨越不同社会、不同文化和不同学术传统的边界，探讨跨文化研究的理论与方法论，主要在哲学、政治学、比较文学与世界文学、文艺学、艺术学、语言学、民俗学和科技史学等领域，选择适合跨文化的选题，面向研究生授课、师生对话，再经修改和完善讲稿，出版专题研究著作，纳入"跨文化研究"丛书出版。这批著作不会在单一学科内产生，而需要在跨文化的视野下多学科会战；不拘泥于单边跨文化的以往局限，而是接受多元学术传统和文化多样性，建设开放性的交叉研究新空间。今年是这项工作开展的第五年，我们拟将"跨文化研究"丛书的出版计划，在保持原有开放势头和面上拓展的基础上，向纵深发展。出版《汪德迈全集》正是这个转型的标志。

我们的中外同仁多年来一直给予大力支持，在此要向他们道谢！特别需要感谢的有：法兰西学院副院长、法兰西学院金石美文学院终身秘书长米歇尔·冉刻（Michel Zink）教授，敦和基金会理事长、北京师范大学跨文化研究院理事长陈越光先生，北京大学乐黛云教授，北京师范大学王宁教授。

《汪德迈全集》博大精深，法文翻译难度极大，金丝燕教授承担了汪先生大部分著作的翻译工作。巴黎索尔邦大学广场旁的"书桌"咖啡馆是两人常年工作的地方。那是一场携手同行的长途精神跋涉，现在仍在继续。

　　《汪德迈全集》中的一部分著作由汪先生在北京的讲稿脱手而成，经汪德迈先生委托，由董晓萍教授负责这批讲义的补充注释、文字整理和全书通稿工作。这是另一种形式的跨文化，以思想见面为主，网络代替了"书桌"。

　　汪德迈先生在北京高校讲学期间，部分中外师生参加了教辅工作，他们是：［法］陈陶然、赖彦斌、吕红峰、史玲玲、陈辉、高磊、罗珊、徐令缘、谢开来、王文超、王迅、付韵蕾、司悦、刘芳、李华芳、李亚妮、石鸿雁和李岩。还有其他同学召之必来，互相配合，虽不能在此尽数他们的名字，但这些美好的点点滴滴不能忘记。凡有功劳者必谢！

　　中国大百科全书出版社几年来承担了"跨文化研究"丛书和《汪德迈全集》的出版工作，是这批中外学者的亲密合作者。感谢刘国辉社长和郭银星博士的长期支持，同时感谢该社社会科学学术分社副社长曾辉先生。郭银星应邀作为《汪德迈全集》

的全程责编，从编辑、出版到印制一力承担，一如既往地追求高品质的图书，在此要向她反复致谢！

董晓萍　金丝燕

2020 年 3 月 2 日